広島東洋カープ
歴代ユニフォームガイド

HIROSHIMA
TOYO CARP
UNIFORM GUIDE

スポーツユニフォーム愛好会・著

C

カープ
の
うろこ

文芸社

1 9 5 0 → 2 0 1 4

希望の ユニフォーム

75年は草木も生えない——
広島は戦後、そういわれた街だった。
1945年8月6日に落とされた原爆による放射能汚染のためだ。

からくも命を取り留めた市民も、その後長い間後遺症に苦しむことになる。さまざまな原爆症はもちろん、壊滅的な市内のインフラ、そして人々の心に残った傷。

それでも未来は続き、人々の生活が営まれてゆく。街が再建され、多くの物資が入ってくる。しかし人間が生きていくうえで、衣食住がすべてではない。心に負った傷を癒し、未来に繋げてくれる希望、心の糧がどうしても必要となる。

もがき続ける広島市民にとって、その希望の象徴がカープだった。

人々の渇望は原爆投下からわずか4年後に結実した。

1949年、核たる親会社を持たず、市民が支える球団・広島カープが結成されたのだ。

PROLOGUE

ところが、現実は甘くない。
　経済的基盤の不安定さは、すぐにチーム運営を直撃した。何度も浮上する解散話、「樽募金」と呼ばれた市民運動でなんとか乗り切るが、給料の遅配はしばしばで、選手の移動や宿泊先も切り詰めるだけ切り詰める。そんなチームに有力選手は集まらず、最下位が定位置という状況が何年も続いた。
　しかし、だからこそ、カープは市民から愛され続けた。
　自分たちが立ち上げ、支えている球団。応援することは義務であり、使命であり、なによりもカープの活躍と自分たちの姿を重ねることが、毎日の活力だった。
　そして1975年シーズンに思いは結実する。前年度まで3年連続最下位から奇跡の優勝。それは戦後30年の広島の復興を象徴する出来事だった。
　その後、カープは80年代半ばまで黄金期を迎え、12球団唯一の市民球団として日本球界で異彩を放ち、広島市民から愛され続けている。
　近年、その魅力は広島に留まらず、全国的な広がりをみせるまでになった。それは、創設から一貫しているカープの魅力「市民による市民のための球団」が、多くのファンを魅了するからなのだろう。

　本書は、そんなカープの魅力をユニフォームに絞ってまとめたものである。
　さまざまな名場面は、ファンの記憶のなかでユニフォームとともに残されているだろう。それぞれのユニフォームを思い出せば、チームのこと、社会のこと、そして当時の自分のことを思い出す。本書には、そんなカープと、チームを支えてきた人々の想いを詰め込んでみた。
　1950年からいままでの歴代ユニフォームに触れ、それぞれの時代を懐かしんでほしい。これまでがそうであったように、カープの活躍がこれからも、ファンの希望になることを信じて──

カープのうろこ

広島東洋カープ歴代ユニフォームガイド

目次

希望のユニフォーム …………………………………………………………… 002

第1章 carp Regular Uniform 1950〜1967

UNIFORM No.01 …………………………………………………………… 008
UNIFORM No.02 …………………………………………………………… 010
UNIFORM No.03 …………………………………………………………… 012
UNIFORM No.04 …………………………………………………………… 014
UNIFORM No.05 …………………………………………………………… 016
UNIFORM No.06 …………………………………………………………… 018
UNIFORM No.07 …………………………………………………………… 020
UNIFORM No.08 …………………………………………………………… 022
UNIFORM No.09 …………………………………………………………… 024
UNIFORM No.10 …………………………………………………………… 026
UNIFORM No.11 …………………………………………………………… 028
UNIFORM No.12 …………………………………………………………… 030
UNIFORM No.13 …………………………………………………………… 032
UNIFORM No.14 …………………………………………………………… 034

UNIFORM No.15	036
UNIFORM No.16	038
UNIFORM No.17	040
COLUMN カープの必携まめ知識	042

第2章 carp Regular Uniform 1968〜1976

UNIFORM No.18	044
UNIFORM No.19	046
UNIFORM No.20	048
UNIFORM No.21	050
UNIFORM No.22	052
UNIFORM No.23	054
UNIFORM No.24	056
UNIFORM No.25	058
COLUMN 本物のユニフォームに会える！	060

第3章 carp Regular Uniform 1977〜

UNIFORM No.26	062
UNIFORM No.27	064
COLUMN 赤ヘル黄金時代、日本一への軌跡！	066
UNIFORM No.28	068
UNIFORM No.29	070

UNIFORM No.30	072
UNIFORM No.31	074
UNIFORM No.32	076
UNIFORM No.33	078
UNIFORM No.34	080
UNIFORM No.35	082
UNIFORM No.36	084
UNIFORM No.37	086
UNIFORM No.38	088
COLUMN 山本浩二×衣笠祥雄 時代を作ったふたりのヒーロー	090

第4章 carp Special Uniform

UNIFORM No.39	092
UNIFORM No.40	094
UNIFORM No.41	096
UNIFORM No.42	098
UNIFORM No.43	100
UNIFORM No.44	102
COLUMN 新旧ともに愛され続ける広島市民のホームグラウンド	104
カープ・クロニクル1949〜2014	106
カープ戦績一覧(1950〜2013)	110

第1章
carp Regular Uniform
1950~1967

球団創設時のチームカラーは「紺」。「赤ヘル軍団」の異名を持つ現在のカープからは想像しがたいスタンダードなデザインがならぶ。初期の「広島カープ」ならではの愛すべきユニフォーム。

UNIFORM No.

01

白ストライプ:紺
マーク「C」:オレンジ
マーク「H」:白
紺
紺
白ストライプ:紺
白ストライプ:紺

1950

HOME

▲球団創設時のユニフォームは白地に紺のストライプ。帽子にはCARPの"C"と広島の頭文字"H"を組み合わせたマークが入っている。

[市民球団「広島カープ」誕生]

　1950年1月15日、広島に待望のプロ野球チームが誕生した。結成式にはおよそ2万人ものファンが駆けつけたという。

　市内を流れる太田川が鯉の産地であるということと、広島城の愛称"鯉城"にちなみチーム名はカープ（鯉）。「広島人の特別なチームを」という理念のもと、市民球団・広島カープは始動した。

　結成時のメンバーは、初代監督に就任した石本秀一の人脈により集められた。石本は、すでに現役を引退した者や、かつての教え子にまで声をかけ、選手集めに尽力したという。とはいえ、巨人から移籍した白石勝巳以外に目玉といえる選手がいなかったこともあり、結成式の翌日には新人入団テストが行われる。テストにはのちにエースとして活躍する長谷川良平が参加。石本監督の目に止まった長谷川は、すぐさま選手契約が結ばれたという。

▲左胸のマークは紺を地にオレンジでカープと入ったデザイン。

UNIFORM No.

02

1950 ↓ 1952 VISITOR

紺
マーク「C」：金
マーク「H」：白
紺
縁取り：オレンジ
グレー
グレー
ライン：紺

▲グレーのビジター用ユニフォームは球団創設時から3年間使用。帽子は紺をベースに金の"C"と白の"H"がデザインされている。

[市民の期待を背に迎える初のペナントレース]

　日本プロ野球界は1950年からセントラル・リーグとパシフィック・リーグの2リーグ制になる。セ・リーグに参加承認を受けたカープは、プロ野球球団としての大きな一歩を踏み出した。

　同年3月10日に行われたセ・リーグ開幕戦の相手は、この年のみ活動していた西日本パイレーツ。敵地・福岡市の平和台野球場でのゲームが球団として初めての試合となった。結果は5対6で惜敗。初の公式戦を勝利で飾ることはできなかった。

　広島市民のだれもがカープの活躍に期待したが、選手層の薄いチーム状況で長期戦を戦い抜くことは困難をきわめた。終わってみれば全138試合で96敗。成績は最下位の8位に沈んでしまう。セ・パ両リーグ通じて勝率が3割に届かない球団はカープだけだった。

▲胸元には紺にオレンジの縁取りをした"CARP"の文字が大きく入る。

UNIFORM No.

03

紺
マーク:白
紺
白
ストライプ:紺
白
ストライプ:紺

1951

HOME

▲初代ユニフォームから引き継がれた白地に紺のストライプ。帽子には胸マークと同じ"C"の飾り文字がデザインされている。

[カープ存続の危機を救った"8人の侍"]

球団創設2年目の1951年、カープは早くも存続の危機を迎える。選手の給料や合宿費も支払えないほど経済的に逼迫した球団は、大洋ホエールズ(現:横浜DeNAベイスターズ)との合併か解散かという瀬戸際にまで追い込まれたのだ。

開幕前の3月13日にはNHK広島放送局が"カープの解散"を報道。その報を聞きつけた8人のファンが役所や地元企業などに支援交渉を行った。こうした行動は、結果的にカープが地元市民からいかに愛されているかを示すことになり、多くの援助を受けることにつながる。この名も無き市民の行動は"8人の侍"としていまもカープファンの間で語り継がれている。

このような市民の協力もあり、球団合併・解散の危機は回避されたものの、チームの戦力が改善されるほどの余力は残っていなかった。ペナントレースは苦戦を強いられ、チームは2年連続の最下位に終わってしまう。

▲左胸に入る紺のマークは"C"の飾り文字。

013

UNIFORM No.

04

マーク:白　濃紺　マーク:白 縁取り:オレンジ

濃紺

白　白

1952 ↓ 1953

HOME

sponsor:FUMAKILLA (1952)

▲白地でシンプルなデザインのホーム用ユニフォーム。帽子はマークがオレンジで縁取りされたものと、されていないものの2種類ある。

[意地の最下位脱出を成し遂げる]

　創設から2年連続の最下位に沈んだカープ。支えてくれるファンの期待に応えようと迎えた3年目のシーズンは、開幕戦こそ勝利で飾るものの、その後は度重なる連敗に苦しむ。7月27日までの前半戦を13勝46敗2分、勝率2割2分で最下位に沈んでいた。
　ところが、このまま3年連続の最下位に甘んじるわけにはいかない選手陣は、後半戦に奮起する。長谷川良平、杉浦竜太郎らエースの活躍を中心に盛り返し、残り試合を24勝34敗1分とする。終わってみればシーズン勝率3割以上、初の"最下位脱出"を達成した。1952年はカープにとって大きな前進となる年になったといえる。
　以前は勝てば7割、負ければ3割配分されていた興行収入も、この年からは試合の勝敗に関係なく主催チームに6割入ることになり、収入面にもよい兆しがみられた。

▲胸には当時のチームカラーである紺で"HIROSHIMA"の文字が入る。

UNIFORM No.

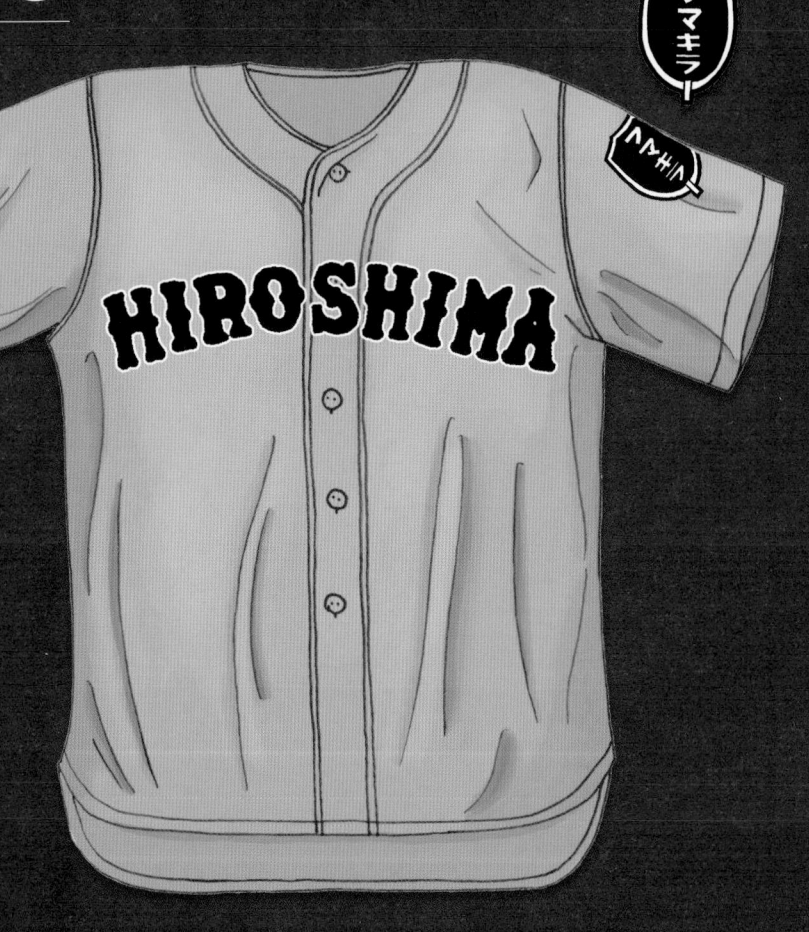

05

1952 → 1953 VISITOR

マーク:白
濃紺
マーク:白
縁取り:オレンジ
濃紺
グレー
グレー

▲ホーム用と同じデザインだが、色はグレー。1953年のみ地元広島の企業・大下回春堂（現：フマキラー）のスポンサーマークが入る。

sponsor：FUMAKILLA (1953)

後援会の資金協力で大補強を実施

　1953年、シーズンを4位で終え、カープは大躍進を遂げる。その立役者となったのは、大洋松竹ロビンス（現：横浜DeNAベイスターズ）から移籍してきた小鶴誠と金山次郎、アメリカから獲得した日系二世の銭村健三・健四兄弟などの新入団選手たちだ。彼らの獲得は、チーム力強化のために"選手獲得募金"を行った後援会の協力によって実現した。

　とくに松竹時代の51年に51本塁打、161打点を記録し"和製ディマジオ"と呼ばれた小鶴は、ベテランとして技術面ではもちろんのこと、精神面でもチームを牽引した。また、カープ入団以前に2度の盗塁王に輝いた俊足の金山は、この年58盗塁をマークし自身3度目の盗塁王を獲得。カープ伝統の"機動力野球"の礎を作り上げた。こうしたチーム力の強化により、カープはここにきてようやく"プロ野球球団"としての陣容を整えることとなる。

◀生え抜きの選手として活躍した大田垣喜夫（のちに備前喜夫）。1953年のシーズンから5年連続の2ケタ勝利を挙げる。

UNIFORM No.
06

1954 → 1955 HOME

マーク：オレンジ
濃紺
マーク：白
白
3
濃紺
縁取り：オレンジ
白

▲ホーム用ユニホームは先代を踏襲した白地。デザインはメジャー球団のシンシナティ・レッズを参考にしている。

[当時のプロ野球界初となる大記録が生まれる]

1954年のカープはチームの若返りのため多くの選手入替えを実施する。シーズンは開幕から7連敗を喫するなど決して幸先のよいスタートではなかったが、前年に引き続き4位を確保。とはいえ、主力選手の故障が重なり、チームとしてはかなり苦しい戦いを強いられた。

このころには球団の経済事情もかなり改善されたが、首脳陣は選手兼任監督を務める白石勝巳のみという状況。オフには白石自ら選手のスカウトを行わざるを得ないという環境であった。

そんななか、白石は7月7日に行われた対国鉄スワローズ（現：東京ヤクルトスワローズ）戦で、当時のプロ野球界では初となる通算1500試合出場を達成。監督業だけで大変なはずの球団事情にもかかわらず、選手としての偉業も成し遂げた。

▲大きな"C"のなかに小さく"CARP"の文字が入るデザインの左胸マーク。

UNIFORM No.

07

マーク:オレンジ　濃紺　マーク:白

濃紺
グレー
グレー

1954
↓
1956
VISITOR

▲胸元には紺で"Hiroshima"の文字。"i"の点はオレンジの星型になっていて、南十字星を表現している。

フィリピン遠征で大きな収穫を得る

　球団史上初の海外遠征が敢行されたのは1954年のこと。カープはフィリピン・マニラで現地のチームを相手に遠征試合を行った。

▶球団史上4人目となる日系外国人として大活躍した平山智。

　戦績は11勝1敗と圧倒。慣れない気候などもあり1敗を喫してしまうも、日本のチームとして胸を張れる結果を残した。
　とはいえ当時は海外渡航に厳しい制限があった時代。加えて、日本とフィリピンの間には戦後処理問題などが横たわり、正式な国交も結ばれていなかった。渡航前の選手たちは日本とフィリピンの友好の架け橋という美名のもと、政財界へのあいさつ回りなどに連れ回されるという大変な日々を過ごした。
　さまざまな日本政府の思惑とも重なるなか、選手たちは海をわたり、チームとして初の海外遠征試合大勝利と、日比親善への貢献という大きな成果を残したのである。

UNIFORM No.

08

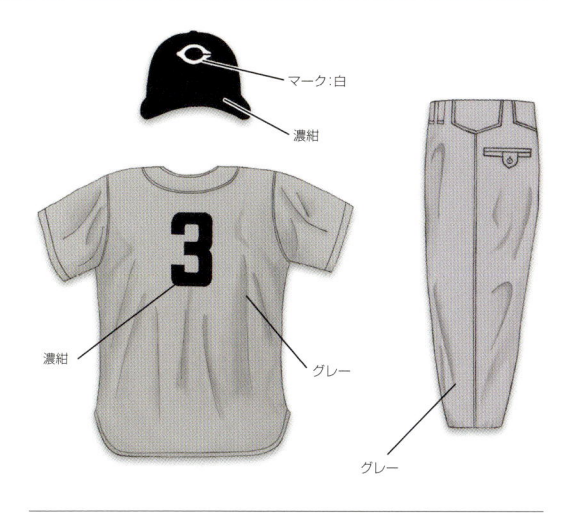

1955 ↓ 1957
VISITOR

マーク：白
濃紺
濃紺
グレー
グレー

▲フィリピン遠征用に作られたユニフォームに加えて、もう1種類グレーのビジター用ユニフォームを採用。

[地元財界の有志で資金面での安定化を試みる]

　改善の兆しがあったとはいえ、創設当初から悩みの種となっていた資金難は、親会社を持たない市民球団としての宿命であった。

　球団発足時から運営母体となっていた「広島野球倶楽部」の運転資金は乏しく、1955年には後援会の支援でも手に負えないほどの負債を抱えるまでに至る。そこで、広島財界は「広島野球倶楽部」を倒産させ、新たに「株式会社広島カープ」を設立。財政の安定を図った。

　シーズン成績では3年連続で4位を確保。30勝を挙げた長谷川良平は最多勝利のタイトルを獲得している。この年は当時の球界での大記録も生まれ、川崎で行われた9月23日の対大洋ホエールズ（現：横浜DeNAベイスターズ）ダブルヘッダーの試合では、第1試合で小鶴誠が史上3人目の通算200本塁打、2試合目は金山次郎が史上初の通算400盗塁を達成した。

▲胸にはすべて大文字で"HIROSHIMA"と独特のフォントで入れられている。

UNIFORM No.

09

024

1956 ↓ 1957
HOME

マーク：オレンジ
濃紺
濃紺
白 ストライプ：紺
白 ストライプ：紺

▲1954年〜55年採用のホーム用ユニフォームに紺のストライプが入ったデザイン。1951年以来、4年ぶりの縦縞復活となった。

[選手負傷の事件発生で公式戦開催中止の危機]

　1956年5月20日、当時の本拠地である広島総合球場（現：Coca-Cola West 野球場）で開催された対巨人戦ダブルヘッダーで大事件が起こる。カープが両試合を大敗したことに加え、開幕からの成績不振に不満を募らせた一部ファンがスタンドからビール瓶などを投げ込んだのだ。

　これが原因でマウンドから引き上げる途中だった巨人の木戸美摸投手が右足を負傷。巨人の首脳陣は「犯人が出てこなければ、金輪際広島での試合は行わない」と強硬姿勢に出たため、この一件でカープは公式戦の開催中止まで危惧される大騒動へと発展した。

　そうしたなか、6月13日に広島市内に住む男性ふたりが出頭。あとから判明した事実では、このふたりは事件収束のための"替え玉"であったようだが、これにより事件は幕引きとなる。

▲左胸に施された"C"のなかに"CARP"が入るマークは1954〜55年のものを踏襲。

025

UNIFORM No.
10

1956 → 1957 VISITOR

マーク：オレンジ
濃紺
黒
グレー
グレー

▲1956年〜56年に採用されたビジター用ユニフォームをわずかに変更。胸の"Hiroshima"が紺から黒になり、字体も微妙に変わっている。

[メンバーの高齢化で苦しいシーズンに]

前年まで3年連続の4位を維持し、さらなる飛躍が期待された1956年。カープのレギュラーメンバーの平均年齢は当時のセ・リーグで最も高い"28歳"で古参中心のチームだった。

当時は投手のローテーションなども確立されておらず、ダブルヘッダーの試合も多かった時代。体力のある若い選手中心のチームが有利であることは、火をみるより明らかだった。そんなプロ野球界で、カープは若手不在が祟ったのか、勝率は3割台に落ち込み、シーズン成績で5位に転落。メンバー編成の立て直しを迫られた。

とはいえ、シーズン途中の7月17日には朗報も入る。なんと、広島市民球場（初代）の建設地が「旧二部隊営庭跡地」に正式決定。ホームグラウンドの新設に向けて大きな一歩が踏み出されたのだ。

▶広岡富夫。広島市民球場（初代）でカープの選手として第1号となる本塁打を放った。弟は巨人で活躍した広岡達朗。

027

UNIFORM No.
11

HIROSHIMA

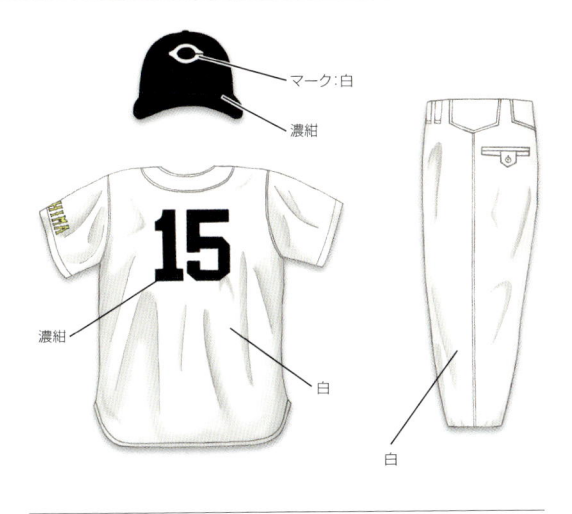

マーク:白
濃紺
濃紺
白
白

1957

HOME

▲広島市民球場(初代)の完成を記念して採用されたホーム用ユニフォーム。左袖には"HIROSHIMA"の文字が入る。

［新たなホームグラウンド「広島市民球場(初代)」完成］

1957年7月12日、カープの新たな本拠地として「広島市民球場(初代)」が完成する。ナイターが主流になりつつあったプロ野球界に対応して、照明設備も完備された。22日の完工式とともに行われた点灯式には、なんとおよそ1万5千人ものカープファンが集まったという。

式から2日後の24日には新球場開幕試合となる対阪神戦が行われた。しかし、ナイター試合に慣れていないことと、大勢集まったファンの前に緊張してしまった選手たちはミスを連発。1-15と大敗してしまい、新本拠地での初勝利を飾ることはできなかった。

シーズン成績では、白石勝巳監督が指揮のもと、猛練習を行ったキャンプの成果が出て、前半戦を32勝26敗と健闘。ところが、後半に入って大失速してしまい、最終的には54勝75敗1分で5位という結果に終わった。

▲1957年7月に完成し、2009年3月までカープの本拠地として親しまれた広島市民球場(初代)。

UNIFORM No.

12

マーク:赤　縁取り:金
(1958年)

マーク:白　縁取り:赤
(1959年)

紺

ライン:赤

白

赤
縁取り:黒

白
ライン:赤

1958 ↓ 1959
HOME

▲上着やパンツのライン、胸マーク、背番号などに初めて"赤"が採用される。帽子は1958年と59年でデザインが異なる。

[興行収入を元手に大補強を敢行]

　1958年のシーズンは、新本拠地・広島市民球場（初代）が開幕時から使われたことにより観客動員数が大幅に増加。運営資金にゆとりができた球団は大補強構想を打ち出した。

▲胸元の"CARP"の文字は、赤に黒い縁取りが施されている。

　こうした球団の積極的な選手獲得の動きにより、60年代のカープを牽引することになる大和田明や古葉毅（のちに古葉竹識）などが一斉に入団。当時"立教三羽烏"といわれた杉浦忠、本屋敷錦吾、のちの大スター長嶋茂雄の獲得にも動いたが、いずれも入団の意思を示さなかったため実現はしなかった。

　ペナントレース終了後の12月26日には、ベテランとしてチームを支えてきた小鶴誠がメンバーの若返り化を理由に現役引退を表明。カープのシーズン成績は、前年に引き続き5位となったが、若い世代の今後の活躍にカープファンのだれもが期待した。

031

UNIFORM No.

13

マーク:赤　縁取り:金
(1958年)

マーク:白　縁取り:赤
(1959年)

紺

紺

1

紺

グレー

グレー

1958 ↓ 1959
VISITOR

▲ビジター用ユニフォームは、グレー地に紺といった従来までのスタイルを踏襲した控えめな装い。

[フレッシュな顔ぶれで当時の最高勝率を更新]

　新人の獲得やトレードで前年に続く大補強を行った1959年、チームの平均年齢はセ・パ両リーグの球団のなかで最も若い21.9歳となる。こうした若返り策が功を奏したのか、シーズン順位こそ前年と変わらず5位だったものの、勝率は過去最高となる4割8分1厘を記録。チームとしての実力は確実に向上していた。

　それを裏づけるように、若手の各選手がそれぞれ活躍。プロ2年目の小坂佳隆や森永勝治(のちに森永勝也)はオールスターに選出される。また、前年にトレードで迎えた主軸の大和田明は当時の球団記録を塗り替える23本塁打を放っている。

　この年のホームゲームの観客動員数は86万人を超え、全12球団のなかで巨人に次ぐ2位の集客力。カープがいかに愛されている球団なのかを全国に示す結果が出た。

▲胸マークがヘボン式の"HIROSHIMA/Hiroshima"から訓令式の"HIROSIMA"に変更される。

033

UNIFORM No.

14

1960 → 1962 HOME

キャップ: 紺 / マーク: 白 / 縁取り: 赤
ライン: 赤
赤 縁取り: 黒
白
白 ライン: 赤

▲1958～59年のホーム用ユニフォームを引き継ぐかたちで、胸マークや背番号、ラインに"赤"が使われている。

チーム力の底上げを体感したシーズンに

　球団創設から11年目を迎えた1960年、これまで行ってきた若返り策や大補強が実ったのか、カープはシーズンを通し初めて勝率を5割台に乗せる。さらに、対巨人戦は17勝8敗1分と大きく勝ち越すなど、ファンの期待に応える結果を残した。

　各選手の成績では、ピッチャーの大石清がカープ歴代3人目となるシーズン20勝超え（26勝13敗）をマーク。打っては興津立雄が打率2割6分8厘、21本塁打、64打点でチーム3冠王となり、主軸の大和田明も3試合連続ホーマーを2度も記録した。

　こうした主力選手の活躍で基盤固めができたと感じた白石勝巳監督は、シーズン終了直後の10月6日に53年から7年間続けた指揮官の座を退くと発表。後任には地元・広島出身の門前眞佐人が就任した。

▲"CARP"のデザインは若干直線的になり、その下には初めて胸番号が採用される。

UNIFORM No.

15

1960 → 1962 VISITOR

マーク：白
縁取り：赤
紺
紺
グレー
グレー

▲胸に入る"Hirosima"の表記は1958〜59年と同じ訓令式。デザインはメジャー球団のロサンゼルス・ドジャースを参考にしている。

[個人タイトルの獲得はあるもチームは低迷]

　1961年からは前年に退任した白石勝巳に代わり門前眞佐人が監督に就任する。翌62年には現役を引退したばかりの上田利治がコーチに抜擢され、専任コーチとしてはプロ野球史上最年少の25歳という若さでの就任となった。

　指揮官やコーチの入替えにより誕生した"新生・カープ"にファンの期待は高まった。62年のシーズンには森永勝治（のちに森永勝也）が大洋ホエールズ（現：横浜DeNAベイスターズ）の近藤和彦などと終盤まで大接戦を繰り広げ、打率3割7厘で見事球団として初の首位打者を獲得している。投手陣も活躍し、大石清は3年連続の20勝、ルーキーの池田英俊も16勝と健闘した。

　選手個人のこうした活躍はみられたものの、投打がかみ合わずチーム成績は低迷。門前は2年間指揮を執るが、いずれのシーズンも順位は5位、勝率も5割に届かなかった。

▶後楽園球場の三塁コーチスボックスでサインを出す門前眞佐人監督。

UNIFORM No.
16

1963 ↓ 1967
HOME

マーク:黄色
紺
紺
白
白
ライン:紺

▲白地に紺で"CARP"というシンプルなつくり。帽子は紺をベースに黄色で"H"のマークが入る。

[白石勝巳が監督復帰]

　1961～62年の2年間指揮を執った門前眞佐人だったが、チームとしては低迷。これを受け、門前に代わる新監督にOBの小鶴誠を招こうとするが、球団首脳陣の意見は対立してしまう。

　そこで63年のシーズンからは再び白石勝巳が監督となり、チームの指揮を執ることになる。ファンのだれもが不調のカープ立て直しを願ったが、結果は前年を下回る最下位へと転落。64年は古葉竹識がシーズン57個の盗塁を決めて盗塁王に輝くなどの活躍をみせ、チーム成績も4位と巻き返すが、65年7月までで白石は監督の座を退く。

　白石のあとを受けたのは、黎明期のカープをエースとして支えた長谷川良平。67年まで監督を務めた。ところが、チーム改革はそう簡単にいかず、長谷川在任中もカープはBクラスをさまよった。

▲胸番号と"CARP"の文字はともに紺のシンプルなデザイン。

UNIFORM No.
17

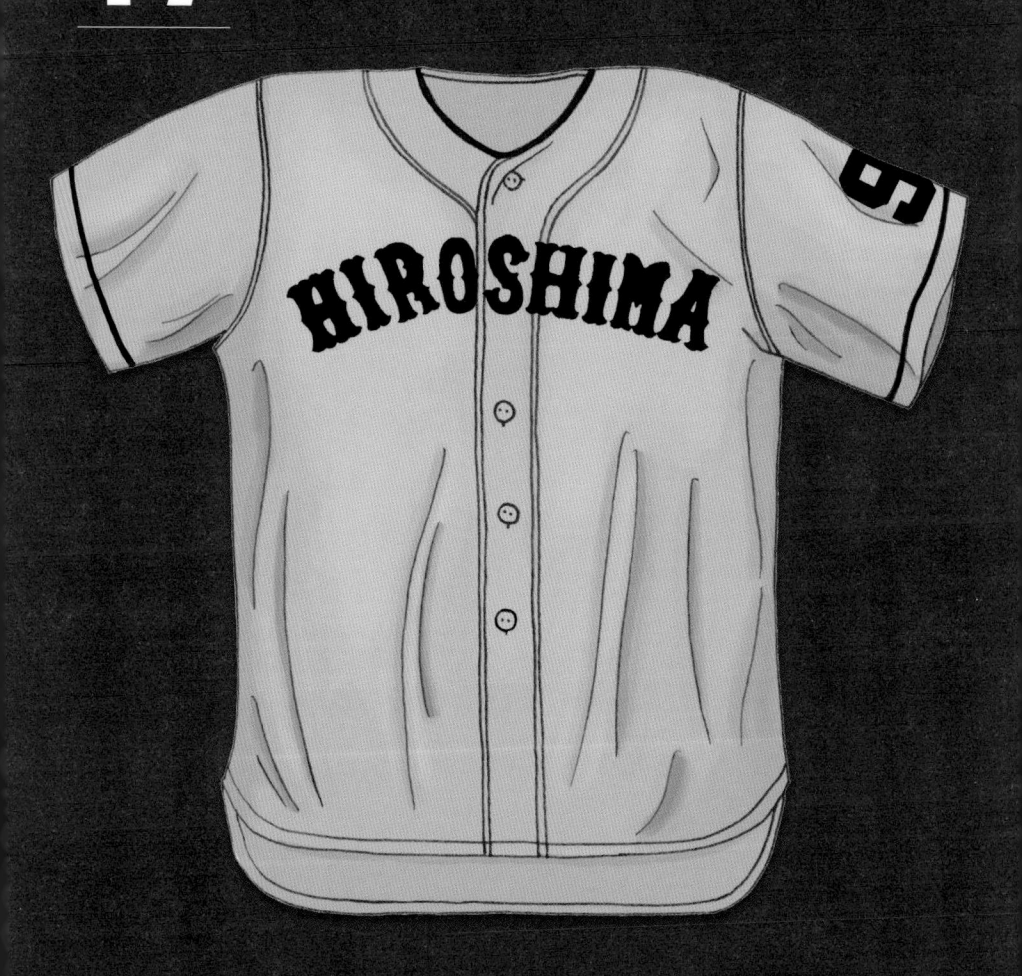

HIROSHIMA

1963 → 1967 VISITOR

マーク：黄色
紺
紺
グレー
グレー
ライン：紺

▲特徴は袖に入った番号。相手投手への配慮のため、右打者は右袖に、左打者は左袖に番号が入れられた。

[データ野球の先駆け「王シフト」]

　1964年5月5日、後楽園球場で行われた対巨人戦ダブルヘッダー第2試合7回裏でカープは驚きの戦術をとる。"王シフト"と呼ばれたその作戦は、強打者・王貞治が打席に立った際、内外野の選手を極端な右よりの守備位置につかせたもの。これは王の打球が右方向に集中していることに目をつけて、当時の監督・白石勝巳によって考案された戦術である。

　白石は、右方向の打球が多い王のヒットを減らすことに加え、王にガラ空きの左方向を意識させることに狙いがあった。流し打ちのバッティングをさせることで長打を減らし、さらには王の象徴ともいえる"一本足打法"のフォームを崩せるのではないかと考えたのだ。

　こうしたデータに基づいて考案された"王シフト"はカープのみならず他のチームでも、王を封じ込める秘策として導入するようになった。

▶王シフトを初めて実施した1964年5月5日の巨人戦で先発登板した大羽進。

041

COLUMN

カープの必携まめ知識

いまも「市民球団」と呼ばれる理由とは

　プロ野球界のなかで唯一「市民球団」と呼ばれるカープ。球団創設当初からしばらくの間、地元政財界の有志による出資で運営されていたことがその名称が定着した理由だ。現在は「広島東洋カープ」として東洋工業に由来する自動車メーカー・マツダの"創業家"がオーナーとなっているが、特定の親会社を持たないという意味では、いまもなお「市民球団」のイメージは変化していないといえる。

幻の球団名「カープス」

　いまや「カープ」で愛される球団名も、発足当時は「カープス」という名であった。野球はチームが複数の選手で構成されることから、チーム名の最後には"s"をつけるのが通例。こうしてつけられた「カープス」という名前だが、Carpが単複同形であるとの指摘を受けたことで、その後は「カープ」が正式名称となる。現在ではプロ野球12球団で唯一チーム名の最後に"s"のない球団だ。

カープ伝統の「猛練習」の歴史

　黎明期から頭を悩ませていた資金問題により、スター選手を抱える他球団とは戦力的に大きな差があったカープ。その差を埋めるには練習に次ぐ練習でカバーするほかなかった。カープの伝統のひとつでもある練習量の多さだが、その歴史は1957年に始まる。当時の監督・白石勝巳は「闘志無き者は去れ」というスローガンを掲げ、キャンプから厳しい練習を実施。「猛練習のカープ」の礎を築いた。

あれもこれもカープが発祥!?

　プロ野球の応援スタイルのスタンダードとなっている「トランペット応援」や「ジェット風船」。これらはいずれもカープが発祥だといわれている。ジェット風船を飛ばしたのは甲子園球場が起源という説もあるが、トランペットなどの鳴り物を使った応援は、1975年にカープ応援団がコンバットマーチを演奏したのが間違いなく大きなきっかけとなったとされ、以降のプロ野球界に波及していった。

第2章
carp Regular Uniform
1968〜1976

自動車メーカーマツダの前身・東洋工業がメインスポンサーとなり球団名を「広島東洋カープ」に改称。モノクロのデザインが主流だったユニフォームにも徐々にカラーが加わっていく。

UNIFORM No.

18

1968 → 1970
HOME
maker:KUBOTA

紺 / マーク：白 / 黒 縁取り：白 / 白 / 白 ライン：紺

▲1963〜67年のもの比べると袖やパンツに入るラインが太くなった。さらに胸の"CARP"と背番号などは白く縁取られている。

[「広島東洋カープ」に名称変更]

　地元の有志による出資というかたちで運営されてきたカープ。しかし1968年からは東洋工業（現：マツダ）の松田恒次がオーナーに就任し、球団名が「広島東洋カープ」に変更される。

　チームも前年からコーチとして指導していた根本陸夫が新監督に就任。春の日南キャンプでは、根本指導の猛練習により、衣笠祥雄をはじめとした若手選手が徹底的に鍛えられた。こうして育てられた選手はのちにくるカープ黄金時代を支える存在となるのである。

　この年は、根本の厳しい練習の成果もあってか、衣笠はシーズン21本塁打、投手の安仁屋宗八はセ・リーグ第2位となる23勝を挙げている。また、エース・外木場義郎は防御率1.94をマークし、カープ創設以来初となるリーグ最優秀防御率を獲得した。

▲太めの紺のラインはベルト通しの縁取りにも使われている。

UNIFORM No.
19

1968 → 1970
VISITOR

maker:KUBOTA
sponsor:TOYO INDUSTRY

マーク：白
紺
黒
縁取り：白
グレー
グレーライン：紺

▲ 胸番号が初めて右側に施されたユニフォーム。帽子の"H"マークは黄色から白に変更されている。

[のちの「ミスター赤ヘル」開幕スタメンデビュー]

　カープ史上最高の3位で初のAクラス入りを果たした1968年のシーズン。翌69年には"法政三羽ガラス"のひとり、山本浩司（のちに山本浩二）が開幕戦でスタメン出場と華々しいデビューを飾る。

▲ 左袖に入っている"TOYO"の文字は紺に白く縁取りされている。

　ところがチームは前年から一転して最下位に転落してしまう。山本一義がリーグ5位の打率2割9分4厘をマークするも、打線は沈黙。投手陣も要所要所で精彩を欠いた。
　一方で、70年には広岡達朗がコーチとして招かれ、熱心な指導が行われる。その結果、三村敏之はショートのレギュラーに定着。シーズン109個の盗塁を記録するなど、機動力でもチームを牽引するまでに成長した。また、衣笠祥雄らがアメリカ教育リーグに参加するなど、選手の教育面が整備され、のちに"赤ヘル黄金時代"の主軸を担う若手選手が力をつける基盤が作られた。

047

UNIFORM No.

20

1971 → 1972 HOME

- マーク：オレンジ
- 緑がかった紺
- ライン：緑がかった紺、オレンジ
- 緑がかった紺 縁取り：オレンジ
- 白
- 白
- ライン：緑がかった紺、オレンジ

▲胸マークと背番号の縁取りや帽子の"H"マークなどにオレンジが使われる。当時のニューヨーク・メッツに似たデザインだった。

［3度目の大記録が生まれる］

　1972年4月29日、広島市民球場（初代）で行われた対巨人戦で大記録が誕生する。当時7年連続日本一を飾っていた巨人を相手に、カープのエース・外木場義郎が自身3度目となるノーヒットノーランを達成したのだ。
　93球を投げたその試合では、ピンチもあった。7回表2死から3番・王を四球で歩かせてしまう。続く打者は長嶋。外木場はイヤな予感がしたという。前年にまったく同じシチュエーションで長嶋にツーランを浴びていたからだ。ところがそこで開き直った外木場の方が一枚上手だった。カウント1-1から投じたシュートに長嶋の打球は力のない右飛。これで外木場は「今日はいける」と確信したという。
　この"3度の大記録"に到達したのは伝説の大投手・沢村栄治と外木場のふたりのみ。外木場の場合はそのうちの1回で完全試合を達成している。

▲袖口や首回りなどには紺とオレンジでデザインされたラインが入る。

049

UNIFORM No.
21

TOYO

1971 → 1972 VISITOR

sponsor:TOYO INDUSTRY

ライン:緑がかった紺、オレンジ
マーク:オレンジ
緑がかった紺
緑がかった紺 縁取り:オレンジ
グレー
グレー ライン:緑がかった紺、オレンジ

▲1968年から70年まで右側についていた胸の番号は、左胸に変更され、ホーム用との統一が図られた。

[黄金期前夜のガマンの時期が始まる]

開幕から苦戦を強いられた1972年のシーズン。春季キャンプではメジャー球団・インディアンスの練習に参加したものの、この海外キャンプが逆に選手たちのコンディションを崩す結果となってしまった。

また、この年は日系人以外で初の外国人選手も獲得。大型助っ人として活躍を期待したが望み通りとはいかず、大きな成果には結びつかなかった。こうして新たな取り組みをさまざま試みるもどれもうまくいかないシーズンとなってしまう。

当時カープの監督を務めていた根本陸夫は、チームの成績不振を理由にシーズン途中で辞任。根本のあとを受けて、打撃コーチの森永勝也が監督を代行するが、この年は結局最下位に終わる。ここから、来たる"カープ黄金期"前夜の苦しいガマンの時代が始まったのである。

▶試合前の練習で岡田悦哉コーチ(右)と話す森永勝也監督代行。

UNIFORM No.

22

1973 ↓ 1974
HOME
maker:DESCENTE

マーク:赤 縁取り:白
紺
ライン:赤、紺
紺 縁取り:赤
白
ライン:赤、紺
白

▲上着は"ボタンなし"のタイプを初めて採用。帽子のマークは"H"から"C"に変更されている。

別当監督わずか1年でタクトを置く

1973年、監督に別当薫が就任。伸び盛りの若い選手を多数擁するカープは、開幕から6月ころまで大洋ホエールズ（現：横浜DeNAベイスターズ）と首位争いを展開する。

前半戦2位をキープし、そのまま優勝争いを繰り広げるかと思いきや、後半戦は打撃不振で大失速。19勝を挙げた佐伯和司を筆頭に投手陣はがんばりをみせたが、チーム成績は最下位に終わる。

シーズン途中にみせた首位攻防の激闘でファンはこれからの別当監督率いるカープに期待したが、フロントとの対立で別当はわずか1年という短さでチームを去る。とはいえ結果は最下位だったものの、V9を達成した巨人とはわずか6.5ゲーム差という大混戦。カープの若手を中心としたチーム力は、確実に底上げされつつあった。

▲通常ベルトが巻かれる赤と紺の部分には、伸縮性の高い素材が使われている。

UNIFORM No.
23

1973 → 1974 VISITOR

マーク：赤
縁取り：白
紺
ライン：赤、紺
紺
縁取り：赤
ブルー
ブルー

▲ビジター用にもホーム用と同じくプルオーバータイプのユニフォームが採用される。胸にはヘボン式の表記で"Hiroshima"と入る。

［ 3年連続の最下位のどん底を味わう ］

1974年には別当薫に代わって球団OBの森永勝也が指揮を執る。コーチ陣にも古葉竹識やジョー・ルーツらを迎え新体制を築いた。

▲甲子園球場で江夏豊からプロ通算100号本塁打を放つ山本浩司（のちに山本浩二）。

この年は、外木場義郎や安仁屋宗八らとともに先発ローテンションを守ったサブマリン投手・金城基泰が活躍。20勝、207三振を奪い、最多勝と最多奪三振のダブルタイトルを獲得した。

ところが、金城のこうした健闘もむなしくチームは全球団に負け越し。またも最下位に終わってしまう。こうした状況を受け、前年の別当と同様に森永もわずか1年で監督の座を退いた。

なかなか結果が出ない不遇の時代のカープは、72年から3年連続の最下位に沈んでいた。このときまだだれも、翌年の歓喜など予想していなかったことだろう。

UNIFORM No.

24

1975 → 1976
HOME
maker:DESCENTE

ライン:赤、紺
赤
マーク:紺
縁取り:白
ライン:赤、紺
白
ライン:赤、紺
白

▲いまやカープおなじみの赤い帽子が初めて採用される。1973～74年までとの大きな違いは、丸首からVネックに変更された点だ。

[カープの象徴"赤"が誕生する]

　1974年まで3年連続の最下位に沈んだカープは、翌75年に新監督としてそれまで打撃コーチを務めていたジョー・ルーツを抜擢する。球団初の外国人監督の誕生である。
　ルーツは燃える闘志を前面に出すことを掲げ、帽子やヘルメットの色を赤に変更。ところが新ユニフォームになったキャンプ初日、何人かの選手が帽子を着用せずに練習に参加した。「赤は恥ずかしい」というのが理由だった。とはいえ、いまやカープの象徴ともいえる"赤"。その後は選手はもちろんプロ野球ファンにも徐々に浸透していく。

　そのきっかけともいえるのが、衣笠祥雄や山本浩二などが選出されたこの年のオールスター。赤いヘルメットを被った彼らは大活躍し、"赤ヘル軍団"は全国的な人気を集めた。

▲脇の部分はメッシュ素材が使用され、通気性がよい構造になっている。

UNIFORM No.

25

資料提供：株式会社デサント

1975 ↓ 1976

VISITOR

maker:DESCENTE

- マーク:紺 縁取り:白
- ライン:赤、紺
- 赤
- ライン:赤、紺
- 紺 縁取り:赤
- ブルー
- ブルー

▲プルオーバーでベルトレスのスタイルに変更はないが、首回りが丸首からVネックに変わっている。

[球団創設26年目で念願のリーグ初制覇]

　1975年、"赤ヘル"の生みの親であるルーツ監督は、開幕して間もない4月27日に甲子園球場で行われた対阪神戦で投球判定を巡って猛抗議。結果的に監督辞任に至るほどの大騒動となってしまう。

　指揮官不在の緊急事態に、一時的にコーチの野崎泰一が監督を代行し、5月3日からは古葉竹識が監督に就任する。こうした逆境にも関わらず、チームの結束は固かった。

　シーズン終盤の10月15日、カープは歓喜の瞬間を迎えることになる。中日、阪神と壮絶な優勝争いを繰り広げていたカープは、後楽園球場で行われた対巨人戦に勝利し、球団創立26年目にして初のリーグ制覇を成し遂げたのだ。広島の平和通りで行われた優勝パレードにはおよそ300万人のファンが訪れ、念願の偉業達成を祝福した。

▲紺に赤い縁取りはホーム用と同じ。ビジター用は"Hiroshima"の文字が入る。

059

COLUMN

本物のユニフォームに会える！

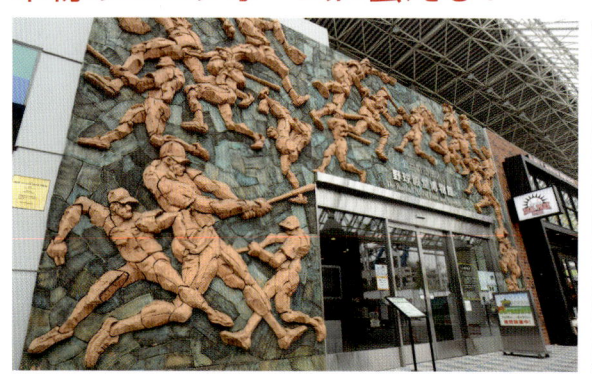

公益財団法人野球殿堂博物館
東京都文京区後楽1-3-61
TEL 03(3811)3600
FAX 03(3811)5369
3月〜9月　10:00〜18:00
10月〜2月　10:00〜17:00
休館日 月曜（※東京ドーム野球開催日、春・夏休み期間中は開館）、年末年始
大人　　　　　600円(500円)
65歳以上　　400円
高・大学生　　400円
小・中学生　　200円(150円)
( )内は20名以上の団体

すべての野球好きにときめきを

　「東京ドーム」21番ゲートの右側に野球殿堂博物館がある。この博物館は、日本の野球の発展に大きく貢献した人々の功績を称えるために1959年に創設された施設で、当初は後楽園球場のとなりに「野球体育博物館」として開館。88年、東京ドームの完成とともに移設された。

　巨人のホームグランドに併設されているため巨人軍専用の博物館だと思われがちだが、実際にはプロ・アマを問わず国内外の野球に関する膨大な資料が集められている。総数3万点を超える収蔵品のなかから、常時2000点ほどを展示。また、図書室には野球に関する書籍・雑誌など5万冊の蔵書も揃えられている。野球好きならぜひ一度は訪れたい場所だ。

　展示の目玉はなんといっても実物のユニフォーム。現在使用中である全12球団のユニフォームが、一同に会す様は壮観だ。過去のユニフォームは常設展示されているわけではないが、不定期に催される企画展示などで何点か目にする機会があるだろう。

●Carp Infomation　　　　　　　　　　　　　　　　　　　　　　　　　　　　所蔵ユニフォーム

No.12	1958〜59	ホーム		No.26	1977〜87	ホーム	古葉竹識監督
No.18	1968〜70	ホーム	山内一弘選手	No.28	1988	ホーム	正田耕三選手
No.19	1968〜70	ビジター	山内一弘選手	No.30	1989〜95	ホーム	正田耕三選手
No.22	1973〜74	ホーム	国貞泰汎選手	No.32	1996〜01	ホーム	野村謙二郎選手
No.24	1975〜76	ビジター		No.34	2002〜08	ホーム	金本知憲選手
No.26	1977〜87	ホーム	山本浩二選手 引退試合着用	No.34	2002〜08	ホーム	前田智徳選手
				No.37	2009〜	ホーム	栗原健太選手

060

第 3 章
carp Regular Uniform
1977〜

赤の占める面積が広がり、今日まで続く「カープ＝赤」が定着。「黄金時代」といわれた80年代全盛期のものから2014年現在使用されているものまでがならび、見覚えのある一着がきっとみつかる。

UNIFORM No.
26

062

赤
マーク：紺
縁取り：白
ライン：赤、紺
ライン：赤、紺
赤
白
白

1977 → 1987
HOME
maker:MIZUNO

▲胸マークや背番号に赤が使われるようになる。チームカラーは紺から赤へと移行していった。

[日本シリーズ初Ｖ達成]

　ユニフォームのデザイン変更によって"カープ＝赤"のイメージが定着した1977年の暮れ、南海ホークス（現：福岡ソフトバンクホークス）から江夏豊がやってきた。

　ストッパー・江夏の加入に力を得て、翌78年はカープ打線が最も威力を発揮したシーズンだった。とくに"長距離砲カルテット"の存在には目を見張るものがあった。山本浩二が44本、ヘンリー・ギャレットが40本、ジム・ライトルが33本、衣笠祥雄が30本とそれぞれ30本以上の本塁打を放ち、合計205本塁打を記録。チーム200本塁打はプロ野球史上初の快挙だった。

　しかしこの年は、打点692、得点713という数字をたたき出したにも関わらず、3位で閉幕。優勝には手が届かなかったが、翌79年は高橋慶彦が33試合連続安打をマークするなどの活躍で、4年ぶりのリーグ優勝を達成。日本シリーズでも近鉄を下し、創設30年目にして初となる悲願の日本一に輝いた。

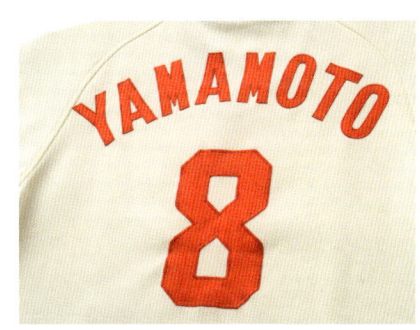

▲78年からは背ネームが入るようになった。

063

UNIFORM No.
27

資料提供：株式会社デサント

1977 → 1987 VISITOR

maker:DESCENTE

- 赤
- マーク:紺 縁取り:白
- ライン:赤、紺
- ライン:赤、紺
- 赤
- ブルー
- ブルー

▲ビジター用は、初の日本一を決めたあの「江夏の21球」時に選手たちが着用していた。

投手王国を支えた「精密機械」

　1977〜87年の11年間、チームは4回のリーグ優勝と3回の日本一に輝くなど、まさに"赤ヘル黄金時代"を謳歌した。「精密機械」北別府学、「グラウンドの詐欺師」達川光男、「ミスター赤ヘル」山本浩二など日本球界に名を残す名選手たちが黄金期の立役者となった。

　そのなかでも投手王国を支えた北別府の功績を見過ごすことはできない。プロ入り3年目の78年に10勝を挙げると、88年まで11年連続で2ケタ勝利を達成。最多勝2回、最優秀防御率1回という輝かしい成績を収めた右腕は、75年ドラフト1位で入団した。入団当初は速球に自信を持っていたが、当時のエース・外木場義郎や他投手陣の球を目の当たりにし、"コントロールに生きる"ことを決意。のちに"針の穴をも通すコントロール"と称されるほどの制球力を培った。20世紀最後の200勝投手と呼ばれた「精密機械」のルーツはこうした体験にあったのだ。

▲胸には鮮やかな赤で"Hiroshima"の文字が入る。

065

COLUMN

赤ヘル黄金時代、
1975

　カープの球団史において最大のターニングポイントとなったのは、間違いなく1975年のリーグ初制覇だろう。この年は"燃える闘志"の意味を込めた赤い帽子やヘルメットを身につけた選手たちが激闘を戦い抜くシーズンとなった。終盤まで集中力がとぎれなかったチームは中日、阪神との激しい優勝争いを繰り広げていた。
　そしてついに歓喜の瞬間は訪れる。10月15日、後楽園球場で行われた対巨人戦に4対0で勝利し念願の初優勝を手にすることになったのである。
　優勝決定の試合はまさに息の詰まるゲームだった。5回に大下剛史の適時打で1点を先制するも追加点がとれない。「この試合に勝てば初のリーグ制覇」そういう思いがカープのメンバーの動きを硬くしていた。
　試合は9回に大きく動く。3番のゲイル・ホプキンスが右越えのスリーラン。球団創設以来Aクラスが1度、以降Bクラスをさまよい続けてきたカープにとって夢のような結末がすぐそこに迫っていた。最後は金城基泰が巨人の柴田勲を打ち取り悲願の瞬間を迎える。舞台となった後楽園では、興奮したファンがフィールド内になだれ込むなど、騒然とした雰囲気となるなかで古葉竹識監督の胴上げが行われた。
　初優勝の翌年からはいわゆる"カープ黄金時代"を迎えることになる。それまでBクラスが定位置だったチームは一変、Aクラス常連の強豪球団へと生まれ変わっていた。とくにチームとして絶頂期といえるのは79〜80年。2年連続の日本一を達成した時期だろう。
　この絶頂期には数々の伝説も生まれた。なかでも「江夏の21球」は球史に残る名シーンのひとつである。この名勝負が誕生した試合はパ・リーグ覇者の近鉄と3勝3敗で迎えた日本シリーズ第7戦。4対3でカープが1点リードしていた9回裏のことだった。マウンド上には7回から送り出されていた江夏豊。この回を押さえれ

日本一への軌跡!

1979

　ば球団史上初の日本一だった。とはいえ、同じく初の日本一を目の前にした近鉄もただでは終わらない。そんな状況だからこそあの伝説の21球は生まれたのだろう。結果はご存じの通り満塁のピンチを切り抜けた江夏が最後に胴上げされる。

　こうして80年代のカープはまさに"黄金時代"と呼ばれるにふさわしい活躍を続ける。とくに投手力では圧倒的な強さを誇り、北別府学や大野豊などの絶対的なエースを擁したカープは投手王国の名を欲しいままにした。

　ベテランと若手がうまく機能した91年には平成初のリーグ優勝。75年の初優勝から数えると6度目のリーグ制覇(うち3回は日本一)を達成した。

　ところがこれを最後にチームは久しく優勝から遠ざかる。ファンのだれもがあのころの「強いカープ」復活を期待しているはずだ。

黄金時代の戦績

年度	監督	順位	試合	勝	敗	分	勝率
1975	ルーツ・古葉	1	130	72	47	11	.605
1976	古葉 竹識	3	130	61	58	11	.513
1977	古葉 竹識	5	130	51	67	12	.432
1978	古葉 竹識	3	130	62	50	18	.554
1979	古葉 竹識	1	130	67	50	13	.573
1980	古葉 竹識	1	130	73	44	13	.624
1981	古葉 竹識	2	130	67	54	9	.554
1982	古葉 竹識	4	130	59	58	13	.504
1983	古葉 竹識	2	130	65	55	10	.542
1984	古葉 竹識	1	130	75	45	10	.625
1985	古葉 竹識	2	130	68	57	5	.544
1986	阿南 準郎	1	130	73	46	11	.613
1987	阿南 準郎	3	130	65	55	10	.542
1988	阿南 準郎	3	130	65	62	3	.512
1989	山本 浩二	2	130	73	51	6	.589
1990	山本 浩二	2	132	66	64	2	.508
1991	山本 浩二	1	132	74	56	2	.569

UNIFORM No.

28

赤
ライン:赤、紺
マーク:紺
縁取り:白
ライン:赤、紺
赤
白
白

1988

HOME

maker:MIZUNO

▲上着に関しては、色・かたちともに先代のNo.26のユニフォームとの違いはほとんどみられない。

[## コーチ出身の阿南政権]

　カープ黄金時代に指揮を執った古葉竹識監督が1985年シーズンを最後に勇退。後任として白羽の矢が立ったのが、コーチの阿南準郎だった。86年に現役を引退した山本浩二が当時すでに次期監督に内定していたため、阿南監督の在任期間は86年から88年のわずか3年たらず。山本までのつなぎ役として捉えられがちだが、阿南の活躍ぶりはその予想を裏切るものだった。

　就任1年目の86年には王貞治監督率いる巨人との5.5ゲーム差をひっくり返し5度目のリーグ優勝を達成。コーチ時代に培った選手との信頼関係を土台に、指揮官としての手腕を発揮した。西武と対決した日本シリーズでは、惜しくも日本一の座は逃したものの、史上初の第8戦までもつれ込む大熱戦を繰り広げファンを魅了。その後も2年連続でチームをAクラス入りへと導いた指揮官は、88年のシーズン終了とともにタクトを置いた。

▲最大の特徴はそれまでのベルトレスをベルト式に変更した点。

UNIFORM No.
29

ライン：赤、紺
マーク：紺
縁取り：白
赤
ライン：赤、紺
赤
ブルー
ブルー

1988

VISITOR

▲パンツはベルト式になったがベルト通しのラインが同配色のため、変更前と同じようにみえる。

［カープアカデミー設立、チームは個人成績が目立つ年に］

1988年5月7日、カープはドミニカ共和国へのアカデミー設立を発表した。カープアカデミーとはメジャーリーグのアカデミー制度にならい外国人選手の発掘・育成を目指すもの。4月にオーナー代行の松田元とチーフスカウトの備前喜夫がドミニカを訪問し現地の野球レベルなどの視察を行った結果、設立を正式決定した。これは日本プロ野球史上初の試み。設立決定から2年後の90年、ついに6億円をかけたアカデミーが開校した。

一方チームは、投手で魅せたシーズンだった。投げては大野豊が防御率1.70で最優秀防御率のタイトルと沢村賞を受賞。打っては正田耕三が打率3割4分で首位打者を獲得し、10月18日神宮球場でおこなわれた対ヤクルト戦では、高橋慶彦が史上6人目の通算450盗塁を達成した。チームとしては2年連続の3位に留まったが、タイトル獲得や記録達成など個々の活躍が光った年だった。

▶マウンド上で話すカープのエース大野豊（右）。

UNIFORM No.
30

072

赤
ライン:赤
マーク:白
赤
白
白

▲山本浩二監督の就任とともにユニフォームも一新。球団創設当初からのチームカラー・紺はついに姿を消した

1989 ↓ 1995
HOME
maker:MIZUNO

[新球場に息づく「炎」の精神]

　1993年7月20日、津田恒美が脳腫瘍のため32歳の若さで死去した。プロ生活10年間で49勝41敗90セーブ。150キロの剛速球を武器に、どんなに打ち込まれても真っ直ぐで勝負する姿勢を崩さないことから「炎のストッパー」の愛称で親しまれていた投手だった。

　91年4月14日、広島市民球場(初代)で行われた巨人との試合で登板したが、原辰徳に同点適時打を打たれるなど1死もとれずにわずか9球で降板。くしくもそれが人生最後のマウンドとなった。

　津田の死を惜しみ広島市民球場(初代)のブルペンには「直球勝負 津田恒美 その闘志と笑顔を忘れないために」と刻まれたプレートを設置。09年マツダスタジアムの完成とともに移設された。津田の「一球入魂」の精神は新球場のマウンドに現在も生き続けている。

▲Cひと文字の下にCARPの文字が左胸に。袖にはHIROSHIMAと入る。

UNIFORM No.
31

HIROSHIMA

1989 → 1995 VISITOR

赤
マーク：白
ライン：赤、白
赤
グレー
グレー

▲胸マーク、袖のロゴとともにNo.30のホーム用と同一デザインとなっている。メジャーのシンシナティ・レッズ型。

［「ミスター赤ヘル」帰還も「投手王国」崩壊の兆し］

「ミスター赤ヘル」山本浩二が帰ってきた。阿南準郎監督のあとを引き継ぎ、1988年オフから監督に就任。現役時代、初優勝時から黄金期にかけ不動の4番打者としてチームを支えたヒーローの帰還に、周囲から寄せられる期待は絶大なものだった。

就任とともに大下剛史をヘッドコーチに迎え、選手たちに猛練習を課し89、90年の2年連続で2位と健闘。91年にはMVPの佐々岡真司を先発に14試合連続セーブを達成した大野豊につなぐ必勝パターンを確立し、チームを5年ぶり6度目のリーグ優勝へと導いた。

しかしこのころから80年代に築きあげてきた投手王国に陰りがみえ始める。92年は10年ぶりのBクラスとなる4位に転落。さらに93年は2ケタ勝利投手0に加え、サヨナラ負け14回を記録し74年以来の最下位。広島生まれ広島育ちだった郷土の英雄は、その結果を受け責任をとるかたちで辞任した。

▶佐々岡真司（左）とマーティー・ブラウン監督。佐々岡は91年にMVPを獲得している。

075

UNIFORM No.

32

赤
マーク:白
赤
白
白
ライン:赤

▲一番のポイントである前立てのラケットラインは、当時メジャーで流行していた。

1996 ↓ 2001
HOME
maker:MIZUNO

["カープ一筋"大野豊が引退]

　1997年、大野豊が防御率2.85の成績を残し最優秀防御率の座に輝いた。史上最年長、42歳でのタイトル獲得だった。同様に翌98年の4月3日、広島市民球場（初代）で行われた中日との開幕戦でも史上最年長での開幕投手を務めている。
　軟式野球出身という異色の経歴を持つ左腕はあらゆるポジションでフル回転。日本ハムに移籍した江夏豊のあとを引き継ぎ、81年リリーフに抜擢されると84年には、先発に転向しリーグ優勝＆日本一に貢献している。津田恒美とのダブルストッパー構想のもと、抑えに転向した91年には6勝26セーブで最優秀救援投手にも輝いた。95年再び先発に転向したが、98年には持病の悪化で引退を決意。チーム在籍22年通算148勝138セーブ、カープにすべてを捧げた男がユニフォームを脱いだ。

▲ロゴは左胸のCマークに代わり大きくCARPの文字が入った。

077

UNIFORM No.
33

1996 ↓ 2001 VISITOR

maker:DESCENTE

赤 / マーク：白 / 赤 / グレー / グレー / ライン：赤

▲ホーム用は袖に"HIROSHIMA"、ビジター用は"CARP"と入っている。

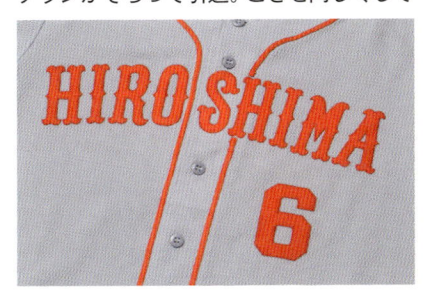

▲胸には赤でアーチ状にHIROSHOMAという文字が入る。

ガマンの時代に突入

カープにとって長い試練の時代の幕開けだった。91年に6度目のリーグ優勝を果たして以降、優勝から遠のくチーム状況が続く。98年には大野豊、正田耕三両ベテランがそろって引退。ときを同じくして94年から5シーズンにわたってチームの指揮をとった三村敏之監督も、一度も優勝を経験しないまま指揮官の座を退いた。代わって監督に就任したのが達川光男だ。現役時代、「グラウンドの詐欺師」と呼ばれた捕手出身の達川にはチーム防御率の改善などを託されたが、99年から2年連続の5位。かつての"投手王国"復活の足がかりを作れないまま辞任を余儀なくされた。

さらに93年オフから導入されたＦＡ制度、ドラフト逆指名制度が追い打ちをかけた。これによって主力級選手の流出や、契約金が高騰。市民球団として身の丈経営を続けるカープには痛手となった。

UNIFORM No.
34

赤

マーク:白

MAEDA 1

赤
縁取り:白

白
ストライプ:赤

白
ストライプ:赤

▲ピンストライプはかつての紺からチームカラーとして定着した赤に変わった。

2002 ↓ 2008

HOME

maker:MIZUNO
sponsor:MAZDA MOTERS

[前田智徳、プロ18年目の快挙]

　2007年9月1日、広島市民球場(初代)で行われた対中日戦で前田智徳が、史上36人目となる2000本安打をプロ18年目にして達成した。90年に入団すると、2年目にはレギュラーに定着。シーズン打率3割越えが歴代5位タイとなる通算11回という球界を代表するアベレージヒッターだったが、前田の野球人生は決して平坦なものではなかった。全盛期の95年9月25日、違和感を感じていた右足のアキレス腱を断裂。選手生命の危機に陥り、以降足に爆弾を抱えたままプレーすることを余儀なくされたのだ。
　そうした困難を乗りこえて積み重ねてきた安打は"2000本"という大台を目の前にしていた。2000本安打に王手をかけて臨んだ対中日戦では、4打席目まで凡退。迎えた5打席目にようやく前田らしい快音が鳴り響いた。ヒーローインタビューでは駆けつけたファンに何度も頭を下げ、感動を与えた。

▲袖に炎とHIROSHIMAの文字をあしらったマーク。2006年まで使用された。

UNIFORM No.
35

資料提供:株式会社デサント

2002 → 2006
VISITOR
maker:DESCENTE

赤
マーク：白
赤
赤
縁取り：白
グレー
ストライプ：赤
グレー
ストライプ：赤

▲ビジター用ユニフォームにピンストライプが入ったのは球団史上初。袖だけ色違いは当時メジャーのエンゼルスが採用していた。

［ ファームが社会人大会出場、チームは最下位に ］

　2002年、第41回社会人野球広島大会にカープのファームチームが出場した。プロが社会人大会に参加したのは初めてのことだった。ところが1回戦で三菱三原硬式野球クラブと対戦し敗退。奮起したのか翌年からは2年連続で優勝を果たすなど汚名を返上した。

　一方、Bクラスが続いていたチームに追い打ちをかけるように02年オフには、主砲・金本知憲がFA宣言をし、阪神へと移籍。その穴を埋めるために4番には新井貴浩が座った。周囲の期待に応えるように05年には43本の本塁打を放ち、自身初の本塁打王を獲得。黒田博樹も15勝を挙げ、最多勝に輝いた。しかしこの年、主要タイトル獲得者をふたりも出しながら、チームは93年以来の最下位に転落した。

▲袖のマークは右投げの選手は左に、左投げの選手は右につく。

UNIFORM No.

36

084

2007 → 2008 VISITOR

帽子: 赤 / マーク: 白
ユニフォーム袖: 赤 / 縁取り: 白
ボディ: グレー / ストライプ: 赤
パンツ: グレー / ストライプ: 赤

▲ボディはグレー、袖は赤のスタイルはそのままに、袖口のマークは「ALL IN」に変更。

[セ・パ両リーグにクライマックスシリーズが導入される]

　日本野球機構は2007年から、プレーオフ制度であるクライマックスシリーズを導入することを決定した。日本シリーズへの出場権を賭け、レギュラーシーズン上位3チームで争うこの制度は、プロ野球の活性化を促すカンフル剤のひとつとして考案されたものだった。

　日本一どころか、リーグ優勝から久しく遠のいていたカープ。チームは序盤こそ好調を維持していたものの、交流戦では最下位。その後も不振を立て直すことはできず5位でシーズンを終えた。

　翌08年は交流戦を13勝11敗で勝ち越し、前年の雪辱を果たす。シーズン終盤には中日、ヤクルトと3位争いを繰り広げるなど、最後までクライマックスシリーズ進出に望みをつなぐ奮闘をみせた。結果は4位と、惜しくも初のクライマックスシリーズ進出は果たせなかったが、チームの躍進に大きな可能性を感じさせるシーズンとなった。

▲力投する氷川勝浩。08年はリーグ2位となる38セーブを記録した。

UNIFORM No.
37

マーク:白
縁取り:紺

赤

ライン:赤、紺

KURIHARA
5

赤
縁取り:紺

白

白
ライン:赤、紺

▲袖とパンツサイドにのみラインを入れ、シンプルな60年代テイストに仕上がっている。

2009

↓

HOME

maker:MIZUNO
sponsor:MAZDA MOTERS

広島とともに歩む

2009年からカープはトップス広島(広島トップススポーツネットワーク)に正式加盟を果たした。トップス広島は「すべての広島の人々が、すべての広島のスポーツを応援する」ことをスローガンに掲げた、県内に本拠地を置くスポーツクラブの連携組織。異なるスポーツ団体が連携し、地域密着に取り組むために結成された。このような異競技連携組織は日本でいままでにない試み。ほかにもサンフレッチェ広島(サッカー)、JTサンダース(バレーボール)など全6団体が加盟している。郷土愛に溢れる広島ならではの取り組みだ。

同じく09年、チームの本拠地が広島市民球場(初代)からMADZDA Zoom-Zoomスタジアム広島(通称:マツダスタジアム)へと移った。新球場オープンを機にユニフォームもフルモデルチェンジを果たし、心機一転。新たな球場とユニフォームとともにV奪還に向け再始動した。

▶栗原健太の直筆サイン入り。

087

UNIFORM No.

38

マーク：白
縁取り：紺

赤

白
縁取り：紺

赤
ライン：紺

白
ライン：赤、紺

▲88年以来姿を消していた紺をライン、縁取りに使用。上着が赤、パンツが白のツートンカラーになっている。

2009

↓

VISITOR

maker:DESCENTE

[球団13年ぶりのノーヒットノーランを達成]

　エース・前田健太がノーヒットノーランを達成した。2012年4月6日、DeNA打線を2四球に抑えての快挙。日本プロ野球では06年、中日の山本昌以来6年ぶり74人目、カープの投手としては佐々岡真司以来13年ぶりのことだった。打者29人に対して122球を投げ、内野ゴロ15、内野飛球3、外野飛球3、三振6。許した走者は四球を与えた2人のみという文句なしのピッチングだった。
　前田は07年、カープから単独1位指名を受け入団。名門・PL学園からやってきた鳴り物入りの新人は、翌年、佐々岡からエースナンバー18を受け継いだ。平成に入ってから投手育成に苦しんだチームだが、"投手王国"復活の兆しを前田にみるファンも少なくない。13年にはWBCの日本代表に選出されるなど、名実ともに日本球界を代表する投手へと成長した。

▲胸、袖それぞれのマークを筆記体で統一。

山本浩二 × 衣笠祥雄

時代を作った ふたりのヒーロー

　背番号を使用する競技で、優れた功績を残した選手の栄誉を称え、その選手が使った背番号を欠番にする──。その名誉が「永久欠番」だ。

　カープでは球団歴63年のなか、背番号「8」の山本浩二と、背番号「3」の衣笠祥雄がその栄誉を与えられている。ふたりの在籍時に、カープは黄金期を迎える。ともに1946年度生まれ。平安高を卒業し65年に入団した衣笠は68年にはレギュラーに定着した。翌69年にはドラフト1位指名を受けた山本が法政大から入団。同年齢のふたりはすぐにお互いをライバルと意識するようになる。

　60年代後半は若手底上げの時期だった。キャンプでの猛練習に始まり、遠征先でも若手は夕食後に集められて素振りをするなど、まさに野球漬けの日々。そんな下積み時代を過ごし、赤ヘル打線の二枚看板は開花した。

　不動の4番打者として打線をけん引するようになった「ミスター赤ヘル」と、2215試合連続出場という前人未踏の記録を打ち立てた「鉄人」は、それぞれ通算536本塁打と504本塁打を記録。山本・衣笠の頭文字をとって現役時代は「YK砲」の愛称で親しまれた。同チームの打者ふたりが、1試合中にそろって本塁打を打つ"アベック本塁打"の数は通算86本。これは王貞治と長嶋茂雄の「ON砲」が残した106本に次ぐ偉大な記録だ。

　75年にリーグ初Vを飾ってから6度のリーグ優勝、3度の日本一に輝いたカープ。栄光の新時代を切り開いた立役者たちの背番号はその偉大な功績とともに永遠に称えられるものとなった。

●山本浩二（やまもとこうじ）
1946年10月25日生まれ。広島県出身。チーム在籍通算18年。通算2284試合、9409打席、8052打数、2339安打、536本塁打、1475打点、打率.290、出塁率.381、長打率.542

●衣笠祥雄（きぬがさささちお）
1947年1月18日生まれ、京都府出身。チーム在籍通算23年。通算2677試合、10634打席、9404打数、2543安打、504本塁打、1448打点、打率.270、出塁率.345、長打率.476

第4章

carp Special Uniform

懐かしいあのユニフォームの復刻版やセ・リーグ6球団によるイベントで着用したもの、期間限定で採用された個性的なものまで、普段はみることができない特別なユニフォーム。

UNIFORM No.
39
SUMMER

ライン：赤、紺
マーク：紺
縁取り：白
赤
ライン：赤、紺
赤
白
白

2008

LIMITED HOME

sponsor:MAZDA MOTERS

▲1988年に採用されたカバーつきベルトタイプのユニフォームの復刻版。このスタイルは1977年から使われていたものがベースになっている。

[ラストイヤー企画の復刻ユニフォーム]

　1957年の完成から選手やファンに親しまれてきた初代の「広島市民球場」。しかし90年代から2000年代にかけて、そのフィールドの狭さや設備の老朽化が問題視されるようになり、新球場建設の動きもみられ始めた。

　こうして広島市民球場（初代）は2008年にカープの本拠地としての役目を終えることになる。ラストイヤーを迎えたシーズンには復刻ユニフォームが登場。9月23〜25日に行われた対巨人3連戦で"黄金時代"のユニフォームに身を包んだ選手たちが姿を現した。

　3連戦最終日となった25日には主軸を担う栗原健太が大活躍。チームも3位に浮上し、初のクライマックスシリーズ進出に望みをつなげた。結果的にはシーズンBクラスに終わってしまうものの、"強かったカープ"を思い出させる戦いぶりは"旧市民球場"の最後を盛り上げた。

▶試度のリーグ優勝と3度の日本一を経験した時代のユニホームを着用する選手たち。

UNIFORM No.

40

SUMMER

HIROSHIMA

094

マーク:白

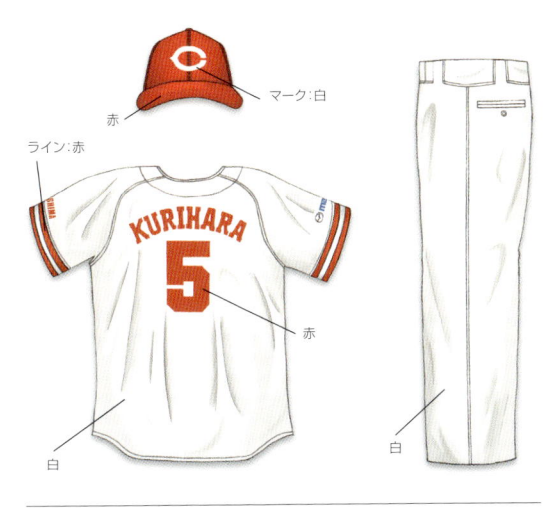

ライン:赤

赤

赤

白

白

▲1989〜95年に採用されていたシンシナティ・レッズそっくりのユニフォームが復活した。

2010

GREAT CENTRAL

sponsor:MAZDA MOTERS

[投手王国時代の復刻ユニフォーム]

　セ・リーグ主催の企画である「GREAT CENTRAL」。これは各球団が復刻版のユニフォームを着用して試合を行うという試みで、リーグ全体でこうしたイベントが行われるのは史上初めてのことであった。

　カープの選手が着用したのは1989〜95年に採用されていたユニフォーム。かつてAクラスにいるのが当然であった強い時代のものだ。このユニフォームを着用していた91年には6度目のリーグ優勝も果たしている。

　復刻版ユニフォームで試合が行われたのは、8月17〜19日の対ヤクルト3連戦と8月24〜26日の対阪神3連戦の計6試合。3勝3敗の5分の結果となったが、試合内容が芳しくなかった。18日のヤクルト戦では14失点、25日に行われた阪神戦に至っては22失点を許す大敗を喫している。ユニフォームは復刻されたが、投手力を軸としていたかつての守りの野球を再現することはできなかった。

▲8月24日の対阪神戦9回表1死、勝ち越しソロ本塁打を放ちナインとハイタッチする嶋重宣。

095

UNIFORM No.
41
SUMMER

資料提供：株式会社デサント

096

ライン:赤、紺
マーク:紺
縁取り:白
赤
ライン:赤、紺
赤
ブルー
ブルー

▲1977〜88年に使用されていたビジター用のユニフォーム。現在主流のボタンタイプではなく、プルオーバータイプなのが特徴だ。

2011

LIMITED HOME

sponsor:MAZDA MOTERS

[よみがえる鮮やかなブルー・ユニフォーム]

　2011年8月23〜25日に行われた対横浜戦と26〜28日の対巨人戦で限定復刻したユニフォームは、1977〜87年に着用された"カープ黄金時代"のビジター用。これをみれば、あの名勝負「江夏の21球」を思い出す人もいるかもしれない。

▲右袖にはマツダのスポンサーワッペンが施されている。

　当時はビジター用にブルーが採用される期間が何年か続いたが、その後は姿を消していたカラーリング。久々に登場したブルーのユニフォームは、若い選手やファンにとって新鮮なデザインとして受け止められた。

　チームとしては、1991年のリーグ制覇を最後に優勝争いから遠ざかっていたカープ。Bクラスが定位置となっていた状況に、だれもが強かったころのカープ復活を望んでいた。復刻ユニフォーム企画がそのきっかけとなればと考えたのか、キャッチコピーは「僕等の憧れだった、強いカープがよみがえる」。栄光のユニフォームに望みが託されたのだ。

097

UNIFORM No.

42

098

2012

ライン:赤、紺
マーク:紺
縁取り:白
赤
ライン:赤、紺
紺
縁取り:赤
ブルー
ブルー

▲75年当時のパンツはベルトレスだったが、復刻版はベルトレス風のベルト式に変更された。

GREAT CENTRAL

maker:DESCENTE
sponsor:MAZDA MOTERS

あの名勝負をもう一度

　2回目を迎えたセ・リーグの復刻ユニフォームイベント「GREAT CENTRAL」では、各球団それぞれが優勝ユニフォームを復刻することが共通テーマとなった。カープは75年、初優勝を決めた試合で着用していたビジター用ユニフォームを復刻。オールドファンの心をときめかせた。

　8月26日の対阪神戦、マツダスタジアムで行われた始球式ではカープの元エース・北別府学VS元阪神4番の「ミスタータイガース」掛布雅之の対戦が実現。北別府が初球ストライクをとるが、その後三連続ボールと制球を乱す。最後は大きく外れ四球となったが、ふたりの真剣勝負にスタジアムは大きく沸いた。

◀現役時代と変わらぬ投球をみせる北別府

UNIFORM No.

43

SUMMER

ライン:赤、紺
デニム柄
マーク:赤
赤
縁取り:白
デニム柄
デニム柄

2013

GREAT CENTRAL

maker:DESCENTE
sponsor:MAZDA MOTERS

▲ステッチに赤を使うなど、細部まで工夫が施されている。胸マークは柄に合わせ、ダメージアップリケをイメージ。

[「デニム」で夏を戦う]

　12球団史上初となるデニム柄ユニフォームが話題を呼んだ。2013年8月23日からの3連戦でカープの選手が着用したユニフォームは、上下及び帽子に「デニム」柄を採用。本物のデニム生地ではなく、爽やかなブルーカラーのデニム地のような風合いがプリントで施されているため機能性、伸縮性は通常のユニフォームと変わらない。

　デニムの本場・アメリカのメジャーリーグでも前例がない斬新なデザイン。陽の光のもとでは爽やかなブルーだが、ナイターでは濃淡が出る。チームカラーである赤いロゴがアクセントになっている。デサントがユニフォーム、ミズノがキャップの製作を担当。ヘルメットは通常の赤いものを使用した。このユニフォームを着用して戦った3連戦は、2勝1敗とヤクルトに勝ち越している。

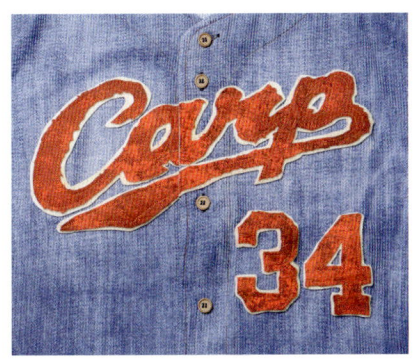

▲胸元の"CARP"は赤に白の縁取り。

UNIFORM No.

44

SUMMER

赤
黒
マーク：黒
縁取り：白

黒
縁取り：白
赤
赤

▲上下をチームカラーの赤で統一し、『王道ならぬ「赤道」を、真っ直ぐ火のように突き進んでいく』というチームの理念を表現した。

2014

LIMITED HOME

maker:mizuno
sponsor:MAZDA MOTERS

[**火のように勝ち進むシリーズに**]

　2014年7月25日、カープは8月下旬に本拠地・マツダスタジアムで行われる6試合で着用する新作ユニフォームを発表した。14年度のチームのキャッチフレーズ「赤道直火」をイメージし、全身を真っ赤に染める情熱的なユニフォーム。ホーム用として赤地が採用されたのは球団史上初めてのことだ。深みのある"スペインの赤"をモチーフとしたビジター用ユニフォーム（09年から採用）に対してこの限定ホーム用ユニフォームは火のように突き進む鮮やかな"モロッコの赤"をモチーフとして仕上がっている。そこにロゴとして黒を使用することで落ち着きと力強さが加わった。

　13年のシーズン、チームは15年連続のBクラスをついに脱出。初のクライマックスシリーズ出場を果たした。14年の夏、選手たちはこの「赤道直火」ユニフォームを身にまとい30年ぶり4度目の日本一を目指す。

▲ロゴの書体は2002年採用のホーム用から引き継ぐ。書体の黒がチームカラーの赤を際立たせている。

103

COLUMN

新旧ともに愛され続ける

広島市民の戦後復興の象徴

　なにもない焼け野原から立ち上がろうとした広島。その人々の夢と希望をかたちにしたものこそ初代の「広島市民球場」だった。原爆ドームの前に建設された球場はまさに戦後復興を成し遂げた広島市民の象徴そのものだったのである。

　1957年に完成した同球場は、カープのホームグラウンドとして使用されるほか、アマチュア大会の会場としても用いられ、一般市民にも広く貸し出された。文字通り広島市民のための球場としてその役割を果たしたのだ。

　しかし、2000年代に入るとさすがに設備の老朽化などが叫ばれ始める。それに伴い、09年には新たに「MAZDA Zoom-Zoom スタジアム広島」が竣工。新球場への本拠地移転により、正式名称である「広島市民球場」をマツダスタジアムに譲るかたちで、52年もの間カープの本拠地として果たしてきた大役に幕を下ろしたのである。

GROUND DATA
- 中堅：115.8m
- 両翼：91.4m
- 左右中間：109.7m
- 面積：12,160㎡
- 最大観客定員：31,984人

広島市民球場（初代）
1957〜2009

広島市民のホームグラウンド

MAZDA Zoom-Zoom スタジアム 広島
2009～

GROUND DATA
- 中堅:122m
- 左翼/右翼:101m/100m
- 左右中間:116m
- 面積:12,710㎡
- 最大観客定員:33,000人

困難を乗りこえ完成した広島の新たなシンボル

　2009年3月28日、カープの新たな本拠地として「MAZDA Zoom-Zoom スタジアム 広島(通称:マツダスタジアム)」が完成。創設60周年を迎えた球団を始め、ファンにとっても待望の新球場が誕生したのである。

　とはいえ、完成までの道のりは決して順風満帆とはいえなかった。当初持ち上がった"ドーム建設"構想は300億円という莫大な予算が必要となりすぐさま暗礁に乗り上げる。新設がダメならと計画された広島市民球場(初代)の建替え案も工事の安全性などの面からやむなく断念。紆余曲折を経てようやく現在の位置への建設が決定した。

　こうした困難を乗りこえて完成した新球場は、開放的で美しいデザイン。広島の新たな顔として堂々たる姿をみせた。また、他球場ではみられない「砂かぶり席」や「テラスシート」など多彩な観客席が設置され、オープン早々ファンの心を鷲づかみにしたのである。

カープ・クロニクル 1949〜2014

1949	9月28日	日本野球連盟に広島野球倶楽部の加盟を申請。球団名は「広島カープ」
	12月3日	初代監督に石本秀一が就任、本拠地は広島総合球場とする
1950	3月10日	福岡市平和台野球場でセ・リーグ開幕。西日本パイレーツ戦は5対6で敗れる
	3月14日	国鉄戦で16対1と大差で球団としての公式戦初勝利を挙げる
	5月17日	西日本戦で長谷川良平が球団初完封勝利
	5月28日	白石勝巳が阪神戦で、セ・リーグ初の1イニング2本塁打を記録
	3月16日	白石勝巳が中日戦で球団第1号本塁打
1951	3月14日	経済的逼迫から、大洋との合併が決定したが、後援会の協力を求めることで回避
	4月7日	他球団より9日遅れで開幕戦を迎える
	7月29日	石本監督提案の後援会発足が実現。広島総合球場で発足式が行われる
	12月25日	長谷川良平が他球団への移籍を表明
1952	3月10日	福井盛太コミッショナーの裁定により長谷川良平の残留が決定
	6月8日	笠松実が大洋戦で通算1500投球回(史上17人目)
	6月26日	山川武範が国鉄戦で球団初のサイクル安打
1953	5月1日	球団と後援会を一本化。石本秀一が総監督、白石勝巳が選手兼監督に昇格
	6月19日	銭村兄弟など補強選手の入団を祝した盛大なパレードが挙行される
	10月13日	長谷川良平が阪神戦で球団初の20勝
1954	1月12日	マニラ遠征。(2月3日まで)
	7月7日	国鉄戦で白石勝巳が史上初の1500試合出場
1955	3月11日	日系2世の平山智が広島に入り、盛大なパレードが行われる
	8月21日	阪神戦で長谷川良平が通算100勝(史上16人目)
	9月23日	大洋戦で小鶴誠が通算200目の本塁打を記録(史上3人目)
1956	3月25日	大洋戦で小鶴誠の本塁打のみの1安打で勝利する(セ・リーグ史上初)
	11月1日	米ドジャース球団のウォルター・オマリー会長が広島カープの伊藤信之社長に記念碑銅板を寄贈
1957	2月22日	中央公園の一部である「旧二部隊営庭跡地」で広島市民球場(初代)の起工式が行われる
	7月22日	照明設備が整った広島市民球場(初代)が完成し、完工式が行われる
	7月24日	広島市民球場(初代)での初公式戦となった阪神戦では1対15と大敗を喫する
1958	5月27日	国鉄戦で藤井弘が本塁打を放ち金田正一の連続無失点記録がストップ
	7月10日	三篠合宿所(三省寮)が完成
	7月29日	広島市民球場(初代)で初のオールスターを開催
1959	2月19日	新しい球団旗を発表
	6月20日	大和田明が大洋戦でサイクル安打を達成
	9月27日	中日戦で備前喜夫が通算100勝達成
	5月7日	阪神戦に勝利し、球団通算500勝を達成

	8月28日	二軍がウエスタンリーグで初優勝
	9月30日	大洋戦で藤井弘が4試合連続本塁打を放ちセ・リーグタイ記録に
	10月5日	球団創設11年目で初の勝率5割達成
1961	7月16日	国鉄戦で球団初の逆転サヨナラ2ラン
1962	4月15日	国鉄戦で小колайを放置が1試合5得点のセ・新記録、藤井弘は1試合8打点のセ・リーグタイ記録
	6月17日	大洋戦で長谷川良平が通算1500奪三振
	10月9日	森永勝治が球団初の首位打者を獲得(打率.307)
1963	1月25日	宮崎・日南で初キャンプ
1964	5月5日	巨人戦で王貞治を抑える作戦として白石勝巳監督考案の「王シフト」を初披露
	9月21日	古葉竹識が57盗塁で初の盗塁王を獲得
1965	5月1日	大洋戦で勝利し球団史上初の単独首位に
	8月22日	阪神戦で衣笠祥雄が村山実から初本塁打
	10月2日	外木場義郎が阪神戦でノーヒットノーランでプロ初勝利を飾る
	11月17日	初のドラフト会議が開催され、17選手を指名。うち10選手が入団する
1966	7月13日	巨人戦で藤井弘が通算150本塁打
1967	6月10日	ウエスタン・リーグの近鉄戦で鵜狩道旺が、同リーグ史上初の完全試合を達成
	10月23日	長谷川良平が監督を辞任し、後任にコーチの根本陸夫が就任
	12月17日	チーム名を「広島東洋カープ」に変更
1968	4月6日	開幕戦の阪神戦で山内一弘が史上2人目の350号本塁打を記録
	6月26日	大洋戦で山内一弘が通算1980試合出場。川上哲治の記録を抜く
	7月3日	中日戦で山内一弘が409本目の二塁打を放ち川上哲治を抜く新記録を樹立
	8月2日	阪神戦で山内一弘が史上初の通算2000試合出場
	9月14日	大洋戦で外木場義郎が完全試合を達成
	10月10日	巨人戦に勝利し球団史上初のAクラス3位が決定
1969	5月3日	中日戦で延長18回、4時間53分とセ・パ両リーグ通しての最長試合となる
	5月14日	巨人戦で山本浩司がプロ初本塁打
	6月14日	阪神戦で水沼四郎のプロ初安打が本塁打となる
1970	3月23日	「カープ少年の会」発足
	8月4日	中日戦に山内一弘が本塁打を放ちプロ野球初の通算4000塁打を達成
	10月8日	山内一弘が現役引退を発表
	10月19日	衣笠祥雄の連続試合出場記録開始
	11月15日	松田恒次オーナーが死去、松田耕平氏がオーナーに就任
1971	4月10日	三村敏之が巨人との開幕戦第1打席で本塁打を放つ
	5月26日	阪神戦に3対2で勝ち、球団初の10連勝
	6月10日	巨人戦で衣笠祥雄が5試合連続本塁打の日本タイ記録を樹立
	8月19日	中日戦で藤本和宏がノーヒットノーラン達成(セ・リーグ21人目、史上54人目)

1972	2月23日	アリゾナでの海外キャンプ
	4月29日	外木場義郎が巨人戦で自身3度目のノーヒットノーランを達成
	6月17日	監督の根本陸夫が成績不振を理由にシーズン途中で辞任
	7月8日	山本浩司が巨人戦で9打席連続安打のセ・リーグ新記録
	11月25日	石本秀一の野球殿堂入りが決定
1973	2月6日	新ユニフォーム完成。帽子のアルファベットが「H」から「C」に
1974	9月28日	大洋戦で金城基康が、球団として6年ぶりの20勝達成。最多奪三振にも輝く
	10月21日	ジョー・ルーツコーチの監督昇格が決定
	12月16日	外国人助っ人、ゲイル・ホプキンス、リッチー・シェーンが入団
1975	4月5日	外木場義郎がヤクルト戦で通算100勝を達成(史上63人目)
	4月24日	衣笠祥雄が大洋戦で通算1000試合出場(史上178人目)
	5月3日	古葉竹識コーチの監督昇格が決定
	5月17日	沖縄での初のセ・リーグ公式戦。シェーンの1試合両打席本塁打などで首位に
	5月25日	若生智男が大洋戦で通算600試合登板(史上13人目)
	6月12日	大下剛史がヤクルト戦で通算1000試合出場(史上182人目)
	10月10日	ヤクルト戦で勝利しマジック3に
	10月15日	球団創設26年目でセ・リーグ初優勝
	10月30日	阪急との日本シリーズ第4戦で史上初の2度目の引き分け。シリーズ第6戦で破れ日本一を逃がす
1976	7月7日	巨人戦で衣笠祥雄がサイクルヒット(セ・リーグ12人目)
	9月23日	安仁屋宗八が中日戦で「1球セーブ」を記録。通算2度は史上初
	10月22日	大洋戦で渡辺弘基が73試合のセ・リーグ最多登板記録を更新
1977	4月28日	大洋戦に勝利し球団通算1500勝に到達
	5月22日	山本浩二が巨人戦で通算1000安打を達成(史上101人目)
	8月11日	山本浩二が阪神戦で通算200本塁打を達成(史上27人目)
	8月29日	大洋戦で山本浩二が球団新記録となる34号本塁打を放つ
	9月4日	阪神戦で大野豊が初登板
	12月23日	南海から江夏豊の移籍が決定
1978	4月26日	エイドリアン・ギャレットが阪神戦で史上タイとなる月間16本目の本塁打を記録
	8月3日	衣笠祥雄が中日戦で、1000試合連続出場を記録(史上3人目)
	10月11日	中日戦で衣笠祥雄が30号本塁打。球団に30本以上が4人は史上初(ほか山本浩二、エイドリアン・ギャレット、ジム・ライトル)
1979	5月11日	巨人戦で江夏豊が王貞治から通算2500奪三振
	7月31日	巨人戦で高橋慶彦が、33試合連続安打のプロ野球新記録を樹立
	9月5日	江夏豊がヤクルト戦で7試合連続セーブのプロ野球新記録を達成
	10月6日	阪神戦に4対3で勝利し、地元で4年ぶりのセ・リーグ優勝
	11月4日	近鉄との日本シリーズ第7戦で4対3で勝利し、球団創設30年目で初の日本一となる
1980	7月22日	オールスター第3戦で江夏豊が9回表無死満塁から登板、三者三振を奪いMVP
	8月4日	衣笠祥雄が巨人戦で通算1247試合連続出場。プロ野球新記録となる
	8月19日	阪神戦で、5月31日から史上タイ、セ・リーグ新記録の本拠地19連勝
	10月17日	2位ヤクルトが中日に敗れセ・リーグ連覇が決定
	11月2日	近鉄との日本シリーズ第7戦で8対3で勝利。2年連続日本一となる
	11月10日	江夏豊と日本ハムの高橋直樹のトレードが発表になる
1981	4月11日	ジム・ライトルが中日戦で通算100本塁打(史上117人目)
	4月28日	山本浩二が中日戦で通算350本塁打(史上10人目)
	6月18日	山本浩二が巨人戦で通算3000塁打(史上16人目)
	7月21日	衣笠祥雄が阪神戦で通算3000塁打(史上17人目)
	8月2日	山本浩二が中日戦で通算1000打点(史上13人目)
	8月16日	金田留広が中日戦で1対0で完封勝利。得点は自らの本塁打によるもので、史上8人目の記録
	9月20日	渡辺秀武が通算600試合登板(史上20人目)
	10月12日	三村敏之が通算1000試合出場(史上224人目)池谷公二郎が通算1000奪三振(史上63人目)
1982	2月1日	初の沖縄キャンプが実施される
	4月4日	開幕戦で衣笠祥雄が通算1000打点を達成(史上14人目)
	7月4日	中日戦で衣笠祥雄が1500試合連続出場を達成
1983	4月30日	阪神戦で山本浩二がサイクルヒット(セ・リーグ16人目)
	8月9日	阪神戦で衣笠祥雄が通算2000安打を達成
	8月23日	大洋戦で高橋慶彦が球団新のシーズン59盗塁を決める
	9月15日	ヤクルト戦で衣笠祥雄が通算400本塁打(史上9人目)
	10月3日	巨人戦で山本浩二が通算450本塁打(史上7人目)
1984	5月5日	山本浩二通算2000本安打(史上19人目)
	5月8日	屋内総合棟習場合宿所(大野寮)が完成
	10月22日	4年ぶり4度目のセ・リーグ優勝を決める
1985	7月5日	衣笠祥雄が阪神戦で通算4000塁打と通算450本塁打を達成
	7月23日	オールスターゲーム第3戦で、山本浩二がオールスター新記録の通算14本塁打
	7月26日	山本浩二が中日戦で通算500本塁打(史上4人目)
	9月26日	古葉竹識監督が辞任を表明
1986	4月29日	大洋戦両チーム合わせて42安打を打ち、プロ野球新記録となる。試合は18対13で勝利
	6月7日	阪神戦で衣笠祥雄が通算2000試合連続出場
	10月12日	ヤクルト戦で勝利し、2年ぶり5度目のセ・リーグ優勝達成
	10月27日	日本シリーズ史上初となる第8戦では、西武に2対3で敗れ、日本一ならず

1987	10月28日	山本浩二が現役引退。背番号8は永久欠番に
	5月26日	大野豊がヤクルト戦で12奪三振を記録
	6月11日	衣笠祥雄が大洋戦で世界タイ記録の2130試合連続出場を達成
	6月13日	衣笠祥雄が2131試合連続出場の世界新記録を達成。国民栄誉賞授与が決定する
	9月21日	衣笠祥雄が現役引退を表明
	10月22日	正田耕三が巨人・篠塚利夫とともに、セ・リーグ史上初の同率首位打者に
1988	3月27日	衣笠祥雄がカープのオープン戦に引退試合として出場
	4月23日	高橋慶彦が阪神戦で通算1500安打(史上55人目)
	5月7日	ドミニカ共和国にアカデミー設立を発表
	8月12日	紀藤真琴が大洋戦の4回2死から6回終了までの7者連続奪三振の球団新記録を打ち出す
	9月10日	阿南準郎監督が辞意を表明
	9月16日	大野豊が阪神戦で通算1000奪三振(史上77人目)
	10月18日	高橋慶彦がヤクルト戦で通算450盗塁(史上6人目)
	10月21日	新監督に山本浩二が就任。背番号は88
1989	6月4日	横浜戦で木田勇から高橋慶彦、正田耕三、ウェイド・ロードンによる3者連続本塁打(セ・リーグ24年ぶり)
	10月15日	正田耕三が中日戦で史上タイ記録の1試合6盗塁。津田恒実が史上タイ記録の12試合連続セーブ
1990	7月31日	佐々岡真司が大洋戦でセーブを挙げ、プロ野球新記録となる13試合連続セーブ
	11月29日	ドミニカ共和国にアカデミー開校
1991	5月15日	ヤクルト戦で大野豊が11試合連続セーブのプロ野球新記録
	8月27日	大洋戦で1試合5盗塁刺殺(セ・リーグタイ記録)
	10月13日	阪神ダブルヘッダー第2試合に勝利し、5年ぶり6度目のセ・リーグ優勝
	10月28日	日本シリーズでは西武と対戦。3勝4敗で敗れる
1992	7月16日	北別府学が中日戦で通算200勝を達成
	10月1日	ヤクルト戦を延長13回、8対7でサヨナラ勝利。試合時間6時間1分とプロ野球史上4度目の2日がかりの試合に
	12月8日	北別府が球団初の1億円プレーヤーに
1993	4月29日	大野豊が通算100セーブ目を挙げ、100勝100セーブに(史上4人目)
	6月10日	北別府学が横浜戦で通算500試合登板(史上66人目)
	7月20日	津田恒美が脳腫瘍のため32歳で死去
1994	8月30日	江藤智が横浜戦の8回に本塁打を放ち月間16本塁打(史上タイ記録)
	9月15日	北別府学が現役引退
	11月8日	川口和久が球団初のFA宣言
	12月5日	川口和久が巨人に移籍
1995	5月23日	前田智徳がヤクルト戦で右足アキレス腱を断裂
	7月29日	新マスコット、スラィリーが登場
	9月13日	大野豊が40歳以上でセ・リーグ初の完封勝利
	10月6日	ヤクルト戦で野村謙二郎が打率3割、30本塁打、30盗塁のトリプルスリー達成(史上6人目)
1996	5月10日	大野豊が40歳8カ月で完封勝利。自身のもつセ・リーグ史上最長記録を更新
	5月18日	ロビンソン・チェコが9回2死で初安打を許し、ノーヒットノーランを逃す
	9月11日	町田公二郎がヤクルト戦で代打9打席連続出塁の新記録
1997	10月8日	横浜戦で大野豊が防御率トップに(2.85)。史上最年長でタイトル獲得
1998	4月3日	中日との開幕戦に大野豊が登板。42歳7カ月での史上最年長開幕戦登板
	10月13日	新監督に達川光男の就任を発表。
1999	4月24日	中日戦で金本知憲が球史上5人目のサイクルヒット
	5月8日	佐々岡真司が中日戦でノーヒットノーランを達成
2000	9月22日	達川光男監督の退団が決定
	10月11日	金本知憲がヤクルト戦で30号本塁打を放ち、打率3割、30本塁打、30盗塁のトリプルスリーを達成(史上7人目)
	10月14日	新監督に山本浩二の就任を発表。背番号は永久欠番の8に決定
2001	7月7日	金本知憲が通算200号本塁打
	10月11日	ヤクルト戦で町田康嗣郎が通算4本目の代打満塁本塁打
2002	11月25日	金本知憲が阪神へ入団表明
2003	3月30日	横浜戦で佐々岡真司が通算100勝100セーブ達成
	12月17日	新外国人選手のジョン・ベイルが入団
	12月18日	新外国人選手のグレッグ・ラロッカが入団
2004	3月13日	監督の山本浩二が球団取締役に選任される
	4月9日	前田智徳が横浜で通算200号本塁打達成
	4月17日	栗原健太が巨人戦で球団初の代打サヨナラ本塁打で2対1で勝利
	4月22日	黒田博樹がヤクルト戦で通算1000投球回
	4月23日	横浜戦でアンディ・シーツ、トム・デイビー、グレッグ・ラロッカが39年ぶりの同一チームの外国人選手3人による本塁打。9対4で勝利
	5月8日	巨人戦で前田智徳が通算1500本安打
	5月21日	巨人戦でセ・リーグタイ記録の21試合連続被本塁打
	6月25日	新外国人選手のマーク・ワトソンと契約
	6月27日	横浜戦で2対10から球団史上初の8点差逆転勝利
	7月16日	横浜戦で木村拓也が通算1000試合出場
	8月20日	巨人戦で延長12回に7対6でサヨナラ勝ち。試合時間は5時間42分、史上10度目、延長12回制度では初の2日間にわたる試合となる
	9月10日	前田智徳が中日戦で通算1000試合出場
	9月14日	嶋重宣がシーズン通算174安打で球団の新記録となる
	9月24日	佐々岡真司がヤクルト戦で通算500試合登板
	10月14日	瀬戸輝信、西山秀二、町田康嗣郎が退団
	11月26日	ボール犬「ミッキーくん」が初登場
2005	6月23日	野村謙二郎が通算2000安打を達成
	9月24日	阪神戦で新井貴浩が43号本塁打を放ち初の本塁打王。黒田博樹も15勝で初の最多勝
2006	4月6日	黒田博樹が阪神戦で通算1000奪三振(史上117人目)

	5月4日	ヤクルト戦で佐々岡真司が先発100勝、100セーブ。先発での100勝は江夏豊に次ぐ史上2人目
	6月2日	新井貴浩がロッテ戦で通算150本塁打(史上141人目)
	8月18日	黒田博樹が横浜戦で通算1500投球回(史上157人目)
	8月22日	前田智徳が阪神戦で通算3000塁打(史上40人目)
	9月5日	黒田博樹が球団初となる7、8月の2カ月連続月間MVP
2007	6月19日	新井貴浩が日本ハム戦で通算1000試合出場(史上418人目)
	8月12日	前田智徳がヤクルトで通算1000打点(史上31人目)
	9月1日	前田智徳が通算2000安打達成(史上36人目)
	10月6日	横浜戦で佐々岡真司が引退試合
2008	1月7日	阪神に移籍する新井貴浩の代わりとして、赤松真人の獲得を発表
	1月11日	山本浩二が日本野球殿堂入り
	5月9日	高橋建が対ヤクルト戦で1000奪三振(史上121人目)
	6月15日	永川勝浩が西武戦で通算100セーブ(史上19人目)
	7月15日	横浜戦で梅津智弘が23試合連続無失点の球団新記録を樹立
	9月11日	永川勝浩が38セーブで、自らの球団記録を更新
	9月20日	東出輝裕が中日戦で通算1000試合出場(史上429人目)
	9月28日	広島市民球場(初代)での最後のシーズン公式戦のヤクルト戦は、6対3で勝利
2009	3月22日	広島市民球場(初代)で阪神との最後のオープン戦が行われ、3対3の引き分け
	4月7日	阪神戦で、栗原健太が通算100号本塁打(史上253人目)
	4月10日	マツダスタジアムで初のプロ野球公式戦。中日戦が行われ、3対11で敗れる
	4月11日	中日戦で前田健太が新球場初勝利を飾る無四球完封
	4月16日	横浜戦で栗原健太が新球場でカープの選手として初となる本塁打を放つ
	4月26日	監督のマーティ・ブラウンが阪神戦で2対1で勝利し、監督通算200勝
	4月27日	元西武のスコット・マクレーンと契約と発表。背番号は90
	6月8日	緒方孝市がオリックス戦で通算1500安打(史上102人目)
	7月4日	石井琢朗が横浜戦で通算100号本塁打(史上256人目)と「全球団からの本塁打」を達成
	8月1日	永川勝浩が横浜戦で通算150セーブ(史上7人目)
	9月9日	東出輝裕がヤクルト戦で通算1000本安打(史上254人目)
	10月1日	選手兼任コーチの緒方孝市が現役引退を表明
	10月4日	監督のマーティ・ブラウンの退任決定
	10月14日	新監督に野村謙二郎が決定
	12月21日	高橋建のカープへの復帰を発表
2010	2月8日	ジョン・ベイルの獲得を発表
	4月15日	新外国人選手のブライアン・バーデンの獲得を発表
2011	8月6日	広島原爆記念日に、広島市内では53年ぶりとなる公式戦(巨人戦)が行われる
	8月26日	栗原健太が巨人戦で通算1000本安打(史上266人目)
	9月3日	中日戦で石井琢朗が球団最年長記録となる41歳0カ月での本塁打を放つ
	9月9日	栗原健太が巨人戦で藤井秀悟から2ラン本塁打を放ち、通算150本塁打に
	9月26日	豊田清が現役引退を発表
	11月29日	前田健太がDeNA戦でノーヒットノーランを達成(史上74人目)
2012	4月19日	東出輝裕がDeNA戦で通算250犠打を達成(史上13人目)
	5月23日	河内貴哉がソフトバンク戦で1482日ぶりに1軍登板
	6月21日	新外国人選手としてブラッド・エルドレッドの獲得を発表
	8月27日	石井琢朗が12年限りでの現役引退を表明
	11月5日	井生崇光の現役引退が発表
	11月20日	野村祐輔が2012年の新人王を獲得
	12月17日	堂林翔太が契約更改で、背番号を13から7に変更
2013	1月11日	野球殿堂表彰者に大野豊、外木場義郎が選出される
	4月26日	4連続出塁中の広島の廣瀬純が、中日戦で4打数4安打として、第1打席で12打席連続出塁(球団新記録)、第4打席で15打席連続出塁を達成(史上初)
	5月12日	中日戦で丸佳浩と菊池涼介による1試合2満塁本塁打(史上22度目)
	6月11日	新外国人選手のキラ・カアイフエの獲得を発表
	7月11日	キラ・カアイフエがDeNA戦で外国人選手として初の初出場から3試合連続本塁打
	8月19日	中日戦に2対0で勝利し、16年ぶりのAクラスと、球団史上初のクライマックスシリーズ進出が決定
	9月26日	菊池涼介が中日戦で新記録の二塁手で497補殺
	9月27日	前田智徳が現役引退を表明
	9月28日	菊地原毅が現役引退を表明
	10月2日	横山竜士が阪神戦で通算500試合登板(史上90人目)
	10月13日	クライマックスシリーズのファーストステージ阪神第2戦は、7対4で勝利しファイナルステージ進出決定。シーズン勝率5割未満でファイナルステージに進出するのは史上初
	10月28日	新外国人選手のザック・フィリップスと契約合意したことを発表
	11月1日	巨人に移籍した大竹寛の代わりに一岡竜司の獲得を発表
2014	1月7日	一岡竜司の背番号を30とすることを発表
	1月31日	新外国人選手のドミニカのカープアカデミー出身のライネル・ロサリオの獲得を発表
	4月27日	巨人戦で延長11回、ブラッド・エルドレッドの史上初の月間3本目となる延長戦でのサヨナラ本塁打で勝利
	6月27日	オールスターファン投票最終結果が発表。球団別の最多選出はカープの8人

カープ戦績一覧(1950~2013)

- 1950年 138試合 41勝 96敗 1分 勝率 .299(8位)
- 1951年 99試合 32勝 64敗 3分 勝率 .333(7位)
- 1952年 120試合 37勝 80敗 3分 勝率 .316(6位)
- 1953年 130試合 53勝 75敗 2分 勝率 .414(4位)
- 1954年 130試合 56勝 69敗 5分 勝率 .448(4位)
- 1955年 130試合 58勝 70敗 2分 勝率 .453(4位)
- 1956年 130試合 45勝 82敗 3分 勝率 .358(5位)
- 1957年 130試合 54勝 75敗 1分 勝率 .419(5位)
- 1958年 130試合 54勝 68敗 8分 勝率 .446(5位)
- 1959年 130試合 59勝 64敗 7分 勝率 .481(5位)
- 1960年 130試合 62勝 61敗 7分 勝率 .504(4位)
- 1961年 130試合 58勝 67敗 5分 勝率 .465(5位)
- 1962年 134試合 56勝 74敗 4分 勝率 .431(5位)
    ホーム   66試合 30勝 33敗 3分 勝率 .476
    ビジター 68試合 26勝 41敗 1分 勝率 .388
- 1963年 140試合 58勝 80敗 2分 勝率 .420(6位)
    ホーム   70試合 29勝 40敗 1分 勝率 .420
    ビジター 70試合 29勝 40敗 1分 勝率 .420
- 1964年 140試合 64勝 73敗 3分 勝率 .467(4位)
    ホーム   70試合 31勝 37敗 2分 勝率 .456
    ビジター 70試合 33勝 36敗 1分 勝率 .478
- 1965年 140試合 59勝 77敗 4分 勝率 .434(5位)
    ホーム   70試合 26勝 42敗 2分 勝率 .382
    ビジター 70試合 33勝 35敗 2分 勝率 .485
- 1966年 136試合 57勝 73敗 6分 勝率 .438(4位)
    ホーム   69試合 32勝 32敗 5分 勝率 .500
    ビジター 67試合 25勝 41敗 1分 勝率 .379
- 1967年 138試合 47勝 83敗 8分 勝率 .362(6位)
    ホーム   69試合 26勝 37敗 6分 勝率 .413
    ビジター 69試合 21勝 46敗 2分 勝率 .313
- 1968年 134試合 68勝 62敗 4分 勝率 .523(3位)
    ホーム   69試合 41勝 24敗 4分 勝率 .631
    ビジター 65試合 27勝 38敗 0分 勝率 .415
- 1969年 130試合 56勝 70敗 4分 勝率 .444(6位)
    ホーム   65試合 33勝 31敗 1分 勝率 .516
    ビジター 65試合 23勝 39敗 3分 勝率 .371
- 1970年 130試合 62勝 60敗 8分 勝率 .508(4位)
    ホーム   65試合 35勝 25敗 5分 勝率 .583
    ビジター 65試合 27勝 35敗 3分 勝率 .435

- 1971年 130試合 63勝 61敗 6分 勝率 .508(4位)
    ホーム   65試合 32勝 29敗 4分 勝率 .525
    ビジター 65試合 31勝 32敗 2分 勝率 .492
- 1972年 130試合 49勝 75敗 6分 勝率 .395(6位)
    ホーム   65試合 23勝 38敗 4分 勝率 .377
    ビジター 65試合 26勝 37敗 2分 勝率 .413
- 1973年 130試合 60勝 67敗 3分 勝率 .472(6位)
    ホーム   65試合 37勝 26敗 2分 勝率 .587
    ビジター 65試合 23勝 41敗 1分 勝率 .359
- 1974年 130試合 54勝 72敗 4分 勝率 .429(6位)
    ホーム   65試合 29勝 34敗 2分 勝率 .460
    ビジター 65試合 25勝 38敗 2分 勝率 .397
- 1975年 130試合 72勝 47敗 11分 勝率 .605(1位)
    ホーム   65試合 33勝 25敗 7分 勝率 .569
    ビジター 65試合 39勝 22敗 4分 勝率 .639
- 1976年 130試合 61勝 58敗 11分 勝率 .513(3位)
    ホーム   65試合 35勝 27敗 3分 勝率 .565
    ビジター 65試合 26勝 31敗 8分 勝率 .456
- 1977年 130試合 51勝 67敗 12分 勝率 .432(5位)
    ホーム   65試合 32勝 26敗 7分 勝率 .552
    ビジター 65試合 26勝 34敗 5分 勝率 .433
- 1978年 130試合 62勝 50敗 18分 勝率 .554(3位)
    ホーム   65試合 34勝 19敗 12分 勝率 .642
    ビジター 65試合 28勝 31敗 6分 勝率 .475
- 1979年 130試合 67勝 50敗 13分 勝率 .573(1位)
    ホーム   65試合 37勝 22敗 6分 勝率 .627
    ビジター 65試合 30勝 28敗 7分 勝率 .517
- 1980年 130試合 73勝 44敗 13分 勝率 .624(1位)
    ホーム   65試合 37勝 20敗 8分 勝率 .649
    ビジター 65試合 36勝 24敗 5分 勝率 .600
- 1981年 130試合 67勝 54敗 9分 勝率 .554(2位)
    ホーム   65試合 33勝 25敗 7分 勝率 .569
    ビジター 65試合 34勝 29敗 2分 勝率 .540
- 1982年 130試合 59勝 58敗 13分 勝率 .504(4位)
    ホーム   65試合 33勝 28敗 4分 勝率 .541
    ビジター 65試合 26勝 30敗 9分 勝率 .464
- 1983年 130試合 65勝 55敗 10分 勝率 .542(2位)
    ホーム   65試合 29勝 30敗 6分 勝率 .492
    ビジター 65試合 36勝 25敗 4分 勝率 .590
- 1984年 130試合 75勝 45敗 10分 勝率 .625(1位)
    ホーム   65試合 41勝 20敗 4分 勝率 .672
    ビジター 65試合 34勝 25敗 6分 勝率 .576
- 1985年 130試合 68勝 57敗 5分 勝率 .544(2位)
    ホーム   65試合 32勝 30敗 3分 勝率 .516
    ビジター 65試合 36勝 27敗 2分 勝率 .571

- 1986年 130試合 73勝 46敗11分 勝率 .613(1位)
   ホーム　　 65試合 45勝 18敗 2分 勝率 .714
   ビジター　 65試合 28勝 28敗 9分 勝率 .500
- 1987年 130試合 65勝 55敗10分 勝率 .542(3位)
   ホーム　　 65試合 31勝 29敗 5分 勝率 .517
   ビジター　 65試合 34勝 26敗 5分 勝率 .567
- 1988年 130試合 65勝 62敗 3分 勝率 .512(3位)
   ホーム　　 65試合 37勝 26敗 2分 勝率 .587
   ビジター　 65試合 28勝 36敗 1分 勝率 .438
- 1989年 130試合 73勝 51敗 6分 勝率 .589(2位)
   ホーム　　 65試合 42勝 19敗 4分 勝率 .689
   ビジター　 65試合 31勝 32敗 2分 勝率 .492
- 1990年 132試合 66勝 64敗 2分 勝率 .508(2位)
   ホーム　　 66試合 29勝 36敗 1分 勝率 .446
   ビジター　 66試合 37勝 28敗 1分 勝率 .569
- 1991年 132試合 74勝 56敗 2分 勝率 .569(1位)
   ホーム　　 66試合 37勝 28敗 1分 勝率 .569
   ビジター　 66試合 37勝 28敗 1分 勝率 .569
- 1992年 130試合 66勝 64敗 0分 勝率 .508(4位)
   ホーム　　 65試合 33勝 32敗 0分 勝率 .508
   ビジター　 65試合 33勝 32敗 0分 勝率 .508
- 1993年 131試合 53勝 77敗 1分 勝率 .408(6位)
   ホーム　　 65試合 31勝 34敗 0分 勝率 .477
   ビジター　 66試合 22勝 43敗 1分 勝率 .338
- 1994年 130試合 66勝 64敗 0分 勝率 .508(3位)
   ホーム　　 65試合 37勝 28敗 0分 勝率 .569
   ビジター　 65試合 29勝 36敗 0分 勝率 .446
- 1995年 131試合 74勝 56敗 1分 勝率 .569(2位)
   ホーム　　 65試合 38勝 27敗 0分 勝率 .585
   ビジター　 66試合 36勝 29敗 1分 勝率 .554
- 1996年 130試合 71勝 59敗 0分 勝率 .546(3位)
   ホーム　　 65試合 38勝 27敗 0分 勝率 .585
   ビジター　 65試合 33勝 32敗 0分 勝率 .508
- 1997年 135試合 66勝 69敗 0分 勝率 .489(3位)
   ホーム　　 68試合 35勝 33敗 0分 勝率 .515
   ビジター　 67試合 31勝 36敗 0分 勝率 .463
- 1998年 135試合 60勝 75敗 0分 勝率 .444(5位)
   ホーム　　 67試合 30勝 37敗 0分 勝率 .448
   ビジター　 68試合 30勝 38敗 0分 勝率 .441
- 1999年 135試合 57勝 78敗 0分 勝率 .422(5位)
   ホーム　　 68試合 32勝 36敗 0分 勝率 .471
   ビジター　 67試合 25勝 42敗 0分 勝率 .373
- 2000年 136試合 65勝 70敗 1分 勝率 .481(5位)
   ホーム　　 67試合 31勝 36敗 0分 勝率 .463
   ビジター　 69試合 34勝 34敗 1分 勝率 .500

- 2001年 140試合 68勝 65敗 7分 勝率 .511(4位)
   ホーム　　 70試合 37勝 29敗 4分 勝率 .561
   ビジター　 70試合 31勝 36敗 3分 勝率 .463
- 2002年 140試合 64勝 72敗 4分 勝率 .471(5位)
   ホーム　　 70試合 32勝 37敗 1分 勝率 .464
   ビジター　 70試合 32勝 35敗 3分 勝率 .478
- 2003年 140試合 67勝 71敗 2分 勝率 .486(5位)
   ホーム　　 70試合 33勝 35敗 2分 勝率 .485
   ビジター　 70試合 34勝 36敗 0分 勝率 .486
- 2004年 138試合 60勝 77敗 1分 勝率 .438(5位)
   ホーム　　 70試合 33勝 36敗 1分 勝率 .478
   ビジター　 68試合 27勝 41敗 0分 勝率 .397
- 2005年 146試合 58勝 84敗 4分 勝率 .408(6位)
   ホーム　　 73試合 31勝 39敗 3分 勝率 .443
   ビジター　 73試合 27勝 45敗 1分 勝率 .375
- 2006年 146試合 62勝 79敗 5分 勝率 .440(5位)
   ホーム　　 73試合 37勝 32敗 4分 勝率 .536
   ビジター　 73試合 25勝 47敗 1分 勝率 .347
- 2007年 144試合 60勝 82敗 2分 勝率 .423(5位)
   ホーム　　 72試合 35勝 37敗 0分 勝率 .486
   ビジター　 72試合 25勝 45敗 2分 勝率 .357
- 2008年 144試合 69勝 70敗 5分 勝率 .496(4位)
   ホーム　　 72試合 37勝 32敗 3分 勝率 .536
   ビジター　 72試合 32勝 38敗 2分 勝率 .457
- 2009年 144試合 65勝 75敗 4分 勝率 .464(5位)
   ホーム　　 72試合 33勝 38敗 1分 勝率 .465
   ビジター　 72試合 32勝 37敗 3分 勝率 .464
- 2010年 144試合 58勝 84敗 2分 勝率 .408(5位)
   ホーム　　 72試合 31勝 41敗 0分 勝率 .431
   ビジター　 72試合 27勝 43敗 2分 勝率 .386
- 2011年 144試合 60勝 76敗 8分 勝率 .441(5位)
   ホーム　　 72試合 32勝 37敗 3分 勝率 .464
   ビジター　 72試合 28勝 39敗 5分 勝率 .418
- 2012年 144試合 61勝 71敗12分 勝率 .462(4位)
   ホーム　　 72試合 33勝 32敗 7分 勝率 .508
   ビジター　 72試合 28勝 39敗 5分 勝率 .418
- 2013年 144試合 69勝 72敗 3分 勝率 .489(3位)
   ホーム　　 72試合 34勝 37敗 1分 勝率 .479
   ビジター　 72試合 35勝 35敗 2分 勝率 .500

※1961年以前の戦績については、ホーム・ビジター別の正確なデータを確認できなかったため年間総合成績のみを記載しています。

Special thanks
広島東洋カープ、デサント、ミズノ

カープのうろこ
広島東洋カープ歴代ユニフォームガイド

2014年9月20日　初版第1刷発行

著　　者	スポーツユニフォーム愛好会
編集制作	オフィス三銃士
撮　　影	伊藤博幸
イラスト	町田七音
本文デザイン	渡邊規美雄（アンバーグラフィック）
発 行 者	瓜谷綱延
発 行 所	株式会社文芸社

　　　　　〒160-0022　東京都新宿区新宿1-10-1
　　　　　　　　　　　電話 03-5369-3060（編集）
　　　　　　　　　　　　　 03-5369-2299（販売）

印 刷 所　日経印刷株式会社

Ⓒ Bungeisha 2014 Printed in Japan
乱丁本・落丁本はお手数ですが小社販売部宛にお送りください。
送料小社負担にてお取り替えいたします。
ISBN978-4-286-15697-2